2時間でざっくりつかむ！

中小企業 の

「事業承継」

はじめに

読む本

藤間秋男

TOMA100年企業創りコンサルタンツ株式会社
代表取締役社長

日本の会社のうち、実に 99.7% が中小企業だといわれています。

そんな日本経済を支える中小企業の多くを悩ませているのが、深刻な後継者不足です。後継者がいないがために、望まぬ廃業を迎えるケースが急増しているのです。

東京商工リサーチの調査によると、2020 年 1 月から 12 月の後継者難による倒産は、実に 370 件にも及び、この時点で 2013 年の調査開始以来、年間最多を更新しています。

一方で、中小企業の代表者の平均年齢は年々上昇しており、2019 年では 62.1 歳に達しています。本来ならば、事業承継にとりかからなければならない状況なのに、後継者が見つからないまま月日が過ぎ、望まぬ廃業に追い込まれてしまう。そんな中小企業が今、日本全国であふれており、しかも今後ますます増加していくことが確実視されています。

私は 40 年前から事業承継に関するセミナーを 1500 回以上開催するなど、事業承継をサポートするコンサルタントとして、中小企業を取り巻く厳しい環境を肌で感じています。かくいう私もまた、経営者のひとりであり、2017 年に事業承継を果たしました。

藤間家のルーツは 1890（明治 23）年、曽祖父が裁判所へ提出する書類を代書した司法代書人（現在の司法書士）として事業を始めたことにあります。それから現在まで 130 年間、藤間司法書士法人として、藤間家で事業が承継されています。

私はといえば、祖父から「うちには司法書士しかいないのか。会計士や弁護士はいないのか」と言われたことをきっかけに、会計の道へと進みました。1982（昭和 57）年に藤間公認会計士税理士事務所を開設。これが TOMA コンサルタンツグループの始まりです。

現在では、税理士、公認会計士、社会保険労務士、司法書士、行政書士、経営や IT、M&A、不動産などの各種コンサルタントが集まったワンストッ

プコンサルティングファームを形成するまでに成長することができました。

　多くの中小企業の経営支援をするうちに自然と生まれたビジョンが次のようなものです。

「日本一多くの 100 年企業を創り続け、1000 年続くコンサルティングファームになります」

　100 年企業を創るには、通常は 4 代にわたっての代替わりが必要です。江戸時代や明治時代から続く老舗企業は、戦争や地震などを経験し、幾度もの事業承継を経て、伝統を守り、かつ革新も重ねてきたことになります。

　事業が承継されなければ、どれだけ売上が順調だろうが、どれだけ素晴らしい技術力があろうが、会社を続けていくことはできません。

　にもかかわらず、事業承継に強く関心を持ち、行動を起こしている経営者は少数派です。どちらかといえば、先延ばしにして、考えないように蓋をしているのが実情です。

　なにしろ、経営者は日々多忙です。変わりゆく時代のなかで、後先のことまで考えられないというのが、スタンダードな思考だと思います。

　けれども、そんな多忙なトップこそ、次代のことを考えて動き始めなければ、その広範囲な仕事を短期間でバタバタと不十分な形で引き継ぐことになってしまいます。

　また、事業承継それ自体への葛藤も、経営者にはついて回ります。

「まだまだ自分はやれる」。そんな思いが強い経営者ほど、事業承継への取り組みに消極的です。しかし、「まだまだやれる」から「もうできない」までの変遷は意外に早く訪れるものです。

　大きな病気にかかり倒れることは、誰にでもあります。不慮の事故に遭うことだって考えられます。そのときになってから後継者を探し始めたのでは、あまりにも遅過ぎます。「まだまだやれる」と経営者が思えるときこそ、事業承継と向き合うタイミングなのです。

　後継者を探すことが最初のハードルですが、後継者が決まってからも、完全に移行するまでは、新社長との二人三脚の期間が数年間は必要です。

「経営者を引き受けた時点から、常にバトンタッチのことを意識しなければならない」

少し大げさに思われるかもしれませんが、私はそう考えています。

私は現在 68 歳ですが、55 歳のときに「10 年後に社長から退く」と宣言しました。そこから後継者を探し、宣言どおりに事業を引き継ぎました。

理想的な事業承継を行うことができたと自負していますが、その道のりは平坦ではありませんでした。後継者候補の幹部が次々と退社してしまうようなつらい経験もし、私自身の経営者としての在り方を問われることになりました。

一方で、さまざまな会社の事業承継のコンサルティングをするうちに「事業承継がうまくいく社長」と「うまくいかない社長」の違いがはっきりわかるようにもなりました。

「事業承継がうまくいかない理由は、社長である自分自身にある」

そう気づいたときに、すべてがうまく回り始めたのです。

本書では、そんな自分自身の経験やコンサルティングの実例から導き出した、事業承継において押さえるべきポイントや注意点を、71 のテーマ別にわかりやすい図を交えながら解説しています。

経営者にとって、事業承継は最後の、そして、最大の大仕事です。

明日も健康に過ごしている保証はどこにもありません。

ましてや来年、数年後は未知といっていいでしょう。

いつ「そのとき」が来てもよいように「100 年企業」の実現に向けて、今日から一歩を踏み出しましょう。

令和 3 年 3 月吉日

TOMA コンサルタンツグループ株式会社 代表取締役会長
TOMA100 年企業創りコンサルタンツ株式会社 代表取締役社長

藤間 秋男

Chapter

6 承継後のアフターフォロー

Chapter

7 事業承継成功の秘訣を老舗に学ぶ

Chapter

8　100年企業を創る10個のヒント

Chapter **1**

まずは事業承継の
意義を知る

事業承継は一朝一夕に成せることではありません。まずは「な
ぜ必要なのか」「実行すると何が起こるのか」全体の概略を
つかみ、その意義を理解するところから始めましょう。

なぜ事業承継が必要なのか？

多くの経営者に求められる速やかなバトンタッチ

🔍 40年前から取り組み始めた伝道

　私が「事業承継」というテーマに取り組み始めたのは、事業承継に関する税制が見直された約40年前です。

　それ以来、本を執筆したり、セミナーを開催してきたりしました。最近になって、ようやく後継者についての問題意識が定着し始めていますが、まだ十分とはいえません。やはり多くの経営者にとって、事業承継への取り組みは、後回しになりがちです。いつまでも現役でいたいのは、当たり前のことです。

「まだまだ自分以外の人間に任せるわけにはいかない」

　実際にコンサルティングをしていると、そんな声も多く寄せられます。

　しかし、後継者は世代交代を意識して初めて育つもの。事業承継をなおざりにしては、事業の成長が停滞するばかりか、継続させることさえも難しくなってしまいます。

🔍 中小企業経営者の最多は69歳

　本来、経営者は常に後継者を意識したうえで、日々の業務に取り組む必要があります。それは、経営者の年齢を考えても明らかなことです。

　2018年時点ですら、日本の中小企業経営者のうち最も多くを占める年齢は69歳。そして、日本人の健康寿命は約70歳（男性）とされています。

　健康でなければ、経営はできませんから、**実は多くの中小企業経営者に速やかなバトンタッチが求められています**。また、健康面だけではなく、時代の変革に合わせた経営を行うためにも、世代交代は欠かせません。心身ともに健康で、バリバリと仕事をこなしている今だからこそ、経営者はスムーズな事業承継にすぐに取り組む必要があるのです。

健康なうちに考えなければダメ

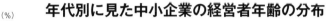

年代別に見た中小企業の経営者年齢の分布

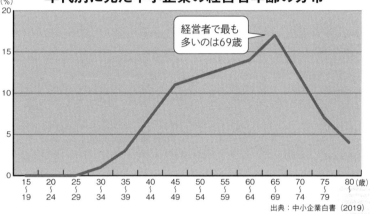

経営者で最も多いのは69歳

(%)
20 / 15 / 10 / 5 / 0

15〜19 20〜24 25〜29 30〜34 35〜39 40〜44 45〜49 50〜54 55〜59 60〜64 65〜69 70〜74 75〜79 80(歳)

出典：中小企業白書（2019）

中小企業経営者
最多年齢
69歳

残された時間は
少ない！！

日本人男性の
健康寿命の平均
約70歳

※厚生労働省調べ

100年企業創りコンサルタントのアドバイス

健康なうちは現役にこだわりがち。でも、事業承継は元気でないとできません！

まず目指すのは二大巨頭体制

「事業承継＝引退」ではない

🔍 事業承継は大事業へのスタート

「事業承継」と聞くとすぐに「引退」をイメージしがちです。だからこそ、現役の経営者ほど「自分はまだまだ働けるから」と事業承継を敬遠してしまいます。

しかし、事業承継は引退ではなく、**大事業への新たなスタート**です。それは、後継者に引き継いでいくために、2人で苦楽をともにする時代へと突入することを意味しています。

事業承継を先延ばしにして「あと5年はやるんだ」という経営者も少なくありませんが、あと5年は自分が先頭でやるならば、今すぐ事業承継に向けて動かなければ、むしろ間に合わないくらいです。

なにしろ、いきなり後継者が先代の代わりをできるほど、経営の仕事は簡単ではありません。今の経営者が何気なく行っている判断一つひとつも、後継者にとっては訓練が必要で、困難が伴う仕事です。

ある程度、準備ができたら、**後継者を代表取締役社長にして、先代は会長になる**というステップが理想的です。事業承継は2人の力を合わせて行うものなのです。

🔍 社長にならない限りは永遠にイエスマン

親子間の承継だと「まだ子供には早い」という声が経営者から挙がりますが、**社長を実際にやらせない限りは、親のイエスマンにしかなれず**、いざ、引き継いだときに大変なことになります。

代表権を手放さなくてよいので、2人で話し合いをしながら、年単位で行う、最大の引き継ぎ事業に着手しましょう。具体的な工程は第2章から解説しています。

事業承継に対する誤解

事業承継＝即引退

今日から会社を
ひとりで
背負うのか…

新社長

社長の座は譲ったし
あとは趣味の世界で
余生を過ごすのみ…

前社長

むしろ承継後が本番

前社長が会長として
経営をサポートして
くれるなら安心だ！

新社長が一人前に
なるまで会長として
もうひと頑張り！

100年企業創りコンサルタントのアドバイス

「事業承継＝即引退」は大きな誤解。
そこから新たな挑戦が始まるのです。

事業承継のための 4つのステップとは？

発掘・育成・共同・交代

🔍 すぐにはできない事業承継

事業承継はすぐにできるものではありません。大きく分けて、4つのステップがあります。

まずは「後継者を探す（1. 発掘）」。すでに後継者が決まっているケースもあるでしょうが、実際に譲るとなると、何かしら課題が見つかるのが、事業承継の難しさのひとつです。

次に「後継者を育てる（2. 育成）」。経営者という立場を意識させ、トレーニングさせる。具体的な内容については後述しています。そして「一緒にやる（3. 共同）」。実際に2人で取り組んでみて、「バトンタッチ（4. 交代）」へと至ります。

この4ステップの詳細はそれぞれ解説しますが、大きく分けてもこれだけの段階が必要だということを、まず理解していただきたいのです。

🔍 127万社が後継者不足とも

事業承継とは「次の代を形作る」ことです。これをしなければ、会社がなくなってしまいます。現に、今、127万社で後継者がいないといわれています。上記の「後継者を探す（1. 発掘）」の時点で、つまずく企業も少なくないのです。国もそのことを問題視して、事業承継をしやすいような税制を整備し始めています。

どうしても後継者が見つからなければ「M&A」、つまり、他社への売却という選択肢をとらざるを得ません（詳しくは後述します）。その前に、うまくバトンタッチをする方法を、あらゆる角度から検討すること。**そのためには、時間が必要です。**

経営者はできるだけ早く、後継者探しに着手しなければならないのです。

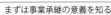

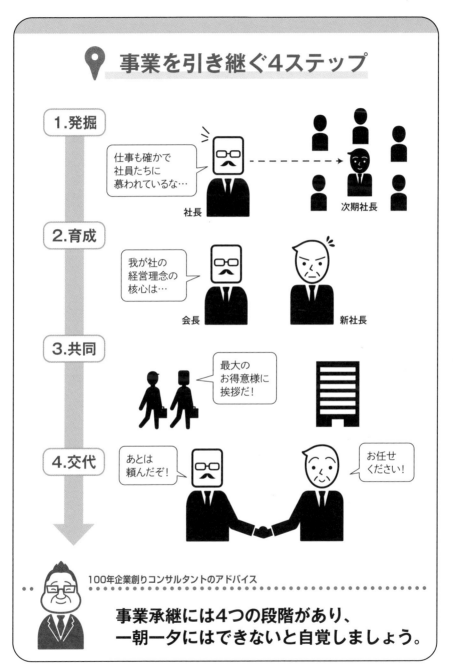

4 企業が100年続くには 4人の社長が必要

「事業の継続性」を考える

🔍 世界一多い日本の100年企業

　日本は老舗企業が多い国で、いわゆる「**100年企業**」の数は**世界一**です。帝国データバンクが2019年に行った調査によると、100年以上事業を継続している会社は3万3000社以上。200年以上の会社も1300社以上存在するとされています。

　100年企業が日本の次に多く、経済の規模も大きいアメリカに1万社以上の差をつけていますから、いかに日本に100年企業が多いのかがわかるでしょう。

🔍 老舗企業と倒産する企業の違い

　100年企業ができるまでの歴史を考えてみましょう。

　創業者がどんなに長生きだとしても、20代で社長になり、90歳まで続けてようやく70年です。つまり、100年企業を目指すなら、**バトンタッチが欠かせません**。経営者が第一線で仕事をするのは、25〜30年間といわれているので、単純計算で代替わりが3〜4回必要になります。

　一族経営の場合、直系でつなげば、孫までで3代です。創業者の背中を見ている2代目の息子くらいまでは継ぐことが見込めても、そこから先は未知数です。

　100年企業はそうした事業承継を乗り越えてきたことになります。

　私は仕事柄、倒産する会社もたくさん見てきましたが、「**事業の継続性**」**に対する意識の違い**が、大きいと感じています。老舗企業の経営者が口をそろえて言うのが、次の言葉です。

　「磨きをかけて、良い状態で次の代に渡す」。これは業績改善を意味しているわけではなく、経営理念（第5章で詳説）のことを指しています。

老舗企業は一日にしてならず

老舗の企業（業績100年以上）の上位10業種

順位	業種（細分類）	老舗企業数
1	貸事務所	894社
2	清酒製造	801社
3	旅館・ホテル	618社
4	酒小売	611社
5	呉服・服地小売	568社
6	婦人・子供服小売	535社
7	木造建築工事	492社
8	一般土木建築工事	479社
9	酒類卸	475社
10	土木工事	434社

出典：帝国データバンク「老舗企業の実態調査（2019年）」

こうした100年企業は漏れなく
事業承継を成功させている

25年		25年		25年		25年
	承継		承継		承継	
初代		2代目		3代目		4代目

 100年企業創りコンサルタントのアドバイス

「事業の継続性」に対する意識の差が
老舗とその他との差になっています。

5 売上と同じくらい 大切な後継者探し

見つからなければ廃業やM&Aしかない

🔍 会社を残すための唯一に近い手段

売上を気にしていない経営者はほとんどいないでしょう。当然ですよね。売上がないと会社が潰れてしまうのですから。

であれば、同様の理由で、事業承継のことも考えなければなりません。後継者探しがうまくいかなければ、その会社は廃業するかM&Aで売却するしかないわけです。事業承継は会社を残すための唯一に近い手段です。

これは何度強調しても、し足りないくらいです。

🔍 60歳以上の経営者の35.5%が廃業を選択

これまでは事業承継がうまくいって「100年企業」が多かった日本ですが、様相が変わってきました。

1999年で485万社あった中小企業は、2016年には359万社と、17年で120万社以上も減少しています。この傾向はとどまるところを知らず、2019年の調査では、**60歳以上の中小企業経営者のうち、実に35.5%が廃業を予定しています**。

同じ調査では24.5%が「**今はまだ事業承継について考えていない**」と回答しています。しかし、多くの中小企業経営者にとって、事業承継への取り組みが喫緊の課題であることは前述したとおりです。

これらの傾向を見れば、経営の一部に事業承継を組み込まなければならない理由が理解していただけるでしょう。

例えば、電器メーカーとして有名なオムロンでは、2006年から、社長選びに特化した「社長指名諮問委員会」を設け、社外取締役を中心に定期的に議論を重ねる仕組みがあるほどです。会社がなくなると、家族、社員、お客様、仕入先、地域が困ってしまいます。

後継者不足の傾向が続く日本

事業承継の意向別の割合（60歳以上）

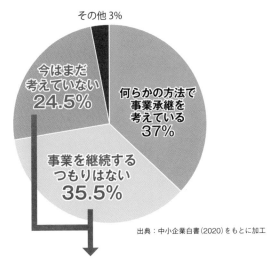

その他 3%

今はまだ
考えていない
24.5%

何らかの方法で
事業承継を
考えている
37%

事業を継続する
つもりはない
35.5%

出典：中小企業白書（2020）をもとに加工

合わせて60%の企業存続が危うい！

100年企業創りコンサルタントのアドバイス

日本の中小企業は深刻な後継者不足。
今すぐに手を打たねばなりません！

コロナ禍は事業承継の最高のチャンス

今は無理、ではなく「今だからこそ」

🔍 もはやコロナ以前の生活には戻れない

2020年から始まった新型コロナウイルス感染症の感染拡大は、あらゆる業界のビジネスモデルに大きな影響を与えました。どの経営者も多かれ少なかれ、変革を迫られています。

「こんな大変なときこそ、私がしっかりしなければ。混乱のなかでトップが代わったら、会社がダメになってしまう」

そんなふうに考える経営者も少なくないでしょう。

しかし、それではいけません。コロナウイルスの影響は一時的なものではありません。感染が収束したとしても、ソーシャルディスタンスに代表される新しい生活様式や、リモートワークの普及による新しい働き方がいったん定着した社会は、新しい価値観で動いていきます。ITを使いこなせていないといわれていた日本でもDX（デジタルトランスフォーメーション＝デジタルによる変革）が加速しつつあるのが、その証左です。

🔍 新しい時代に対応できるリーダーに

新しい価値観のなかで戦うには、新しい経営者が必要です。

事業承継で会社を受け継ぐ、若い経営者の革新的なマインドが求められます。私自身は3年前にトップを交代しましたが、本当に良かったと考えています。

新社長はこのコロナ禍においても、前期を超える売上目標を打ち出していました。頼もしい限りで、私はサポートに徹しています。

もちろん、繰り返しになりますが、自分は一抜けして、後継者ひとりに危機を切り抜けさせるということではありません。新会長と新社長として、2人で力を合わせることで逆風を追い風に変えられるのです。

📍 苦しいときだからこそ受け継ぐ

ソーシャルディスタンス

リモートワーク

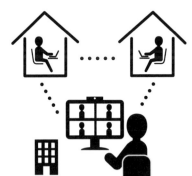

新しい時代には新しいトップで！

会長として
支える！

若い感性で
時代に対応する！

100年企業創りコンサルタントのアドバイス

あらゆる業界で変革が求められている 今こそ、後継者探しに着手しましょう！

後継者に贈りたい！
永続企業を創るための言葉①

「60点主義で即決せよ。
　決断はタイムリーになせ」

（土光敏夫）

　コラムでは、事業承継する者から後継者へ、勇気を与えられるような「伝説の経営者の名言」を紹介したいと思います。

　ミスター合理化──。そんな異名をとったのが、経団連名誉会長にまでなった、土光敏夫です。

　土光は1896年に、岡山県の農家に生まれました。

　東京高等工業卒業後、東京石川島造船所に就職して、タービンの設計に打ち込みます。この頃には「土光タービン」と呼ばれたそうです。その個性の強さからか、異名の多い経営者です。

　その後、石川島芝浦タービンに移籍。1946年には社長の座に就いています。そのときの経営手腕が評判を呼び、土光にあちこちから声がかかることになります。

　石川島重工業や東芝から請われて社長に就任すると、ともに経営の立て直しに成功。大赤字を解消させています。冒頭の言葉には、スピードを重んじる土光の信念が表れています。ただ、東芝では、こんな檄も飛ばしたそうです。「社員諸君にはこれまでの3倍働いてもらう。役員は10倍働け。私はそれ以上に働く」。

　背中を見せてきたからこその偉業だったのですね。

Chapter **2**

事業を引き継ぐ
準備に入る

事業承継の意義と必要性について理解していただけたところ
で、次はいよいよ事業を引き継ぐ準備について具体的に解説
します。すぐに手をつけられることもたくさんありますよ。

まずは相談相手を決めるところから

プロフェッショナルに相談しよう

🔍 経営者自らで口火を切る

第1章では、事業の継続を第一に考えるべき経営者にとって、**事業承継こそが優先して取り組むべき課題**だと解説しました。

なかには「なぜ今まで考えてこなかったのだろう？」と我が身を振り返っている人もいるかもしれません。無理もない話で、経営者に事業承継の必要性を説くのは「辞めたあとのことを今から考えてください」ということなので、長い付き合いの幹部社員ですら、口に出すことは憚られるのです。

まずは、**経営者自らが口火を切り**、積極的に周囲を巻き込みながら考えていかなければ、ほかの誰も進めることはできないのです。

🔍 まずはその道のプロに話を聞いてもらう

経営者に、事業承継のことを相談したのは誰だったか、上から3位まで挙げてもらったデータがあります（「2017年版 中小企業白書」）。最も多くの人に選ばれているのは、「**会社の顧問税理士や公認会計士**」で、約6割にのぼります。次いで、「**近しい親族や友人、知人**」、会社の財務面に大きな役割を持つ「**取引金融機関**」でした。

私としては、顧問税理士や公認会計士をおすすめします。

親族や友人であれば気軽に相談できるでしょうが、相手との関係性によっては財産の相続がからんできます。その点、税理士や会計士は**事業承継のプロフェッショナル**というだけではなく、利害関係もありません。

もちろん、具体的な後継者の人選などは別ですが、資産の有効活用や納税資金の確保、遺産分割の問題など、お金にまつわる相談相手としては、専門家である税理士や会計士に相談するのが最適です。ただし、得意な人、不得意な人がいますので、そこは注意してください。

承継を決意したらすること

1.自分から口火を切る

○年後の退任を決めました！

社長

周りが言いにくいことを決めてくれた！さすが社長！

2.まずは専門家に相談

実は事業承継を考えていまして…

社長

お任せください！

公認会計士

税理士

 100年企業創りコンサルタントのアドバイス

**口火を切れるのは社長だけです！
決意表明したらプロに相談しましょう。**

何でも話せる 経営チームをつくる

合議制で物事を決めていく

🔍 4～6人ほどのリーダーで構成

　事業承継を行うにあたって、私がいつもクライアントにすすめているのが「経営チーム」をつくることです。これは日常的に、非公式に何でも自由に話せる、合議制の場です。かのピーター・ドラッカーも「トップマネジメントとは、ひとりではなくチームによる仕事である」と語っています。

　会社の規模にもよりますが、多くて4～6人ほどの役員または部門長で構成します。まず、組織全体に経営チームをつくることを宣言し、誰を入れるか人選を行います。

　ふさわしい資質としては、「自分のことより組織のことを第一に考えられ、人間性が良く模範となれて、自分の子供をその人の下で働かせたいと思える」ような人物が望ましいでしょう。**後継者もこの経営チームから選びます**。大手企業でいうところの、役員会ですね。それが中小企業にはありませんので、社長が独裁に陥りがちなのです。

🔍 社長も否決されることに慣れる

　経営チームにおいては、**社長の判断に対しても、反対意見を述べられるようにしなければなりません**。これには一定期間のトレーニングが必要です。社員は社長の意見でも否決するトレーニングを、社長は社員から否決されるトレーニングを積むことになります。

　「決めるのは社長ではなく、経営チーム」。その意識が浸透することで事業承継のハードルはグッと下がります。後継者候補も、自分の双肩に会社のすべてがかかっているかのようなプレッシャーは感じなくて済みます。

　経営チームは会社の大きな問題を未然に防ぎやすく、後継者や後継幹部も育つ場です。親族外の承継の場合は特に重要になるでしょう。

後継者が育つ経営チーム

経営チームの人材に求められる資質

自分のことより組織のことを優先して考える！

役員または部門長クラス！

人間性が良く模範となれる！

自分の子供をこの人の下で働かせたいと思える！

経営チームに求められること

どうだろう？

賛成　反対　賛成　反対　反対

経営チームは社長にも反対意見を述べなければならない。意思決定機関として確立されれば、後継者探しや事業承継もグッとスムーズになる。

100年企業創りコンサルタントのアドバイス

機能不全に陥りにくい意思決定機関・後継育成の場が経営チームです。

実は親族内承継こそ難しい選択

数ある仕事のなかから選択してもらうためには

🔍 子供が「継ぎたくない」ことも

ここで、経営者が親族へ事業承継する「親族内承継」を考えており、なおかつ譲るまでに長い時間があるケースの準備について触れておきます。

なかでも最もスタンダードなのが、子供に譲るケースですが、意外に難航することが多いのです。実際に、私自身も子供から「継ぎたくない」と断られてしまい、従業員へ事業を承継することにしました。

なぜ子供に断られるのか……。我が身を省みて理由がわかりました。

家に帰って、会社の愚痴を言ったり、仕事で疲弊したりしている姿ばかりを見せているからです。当然、子供は「こうはなりたくない」と思うわけですよね。私の場合は、愚痴をこぼすことは少なかったと思いますが、家ではきっと渋い顔をしていたのでしょう。なにしろ必死でしたからね。

🔍 幼少期に現場に触れさせよう

もし、経営者が自分の子供に継がせたいと考えるなら、家では、仕事に対してポジティブな言動を日々心がけることです。あとは、幼いうちに、現場を見せたり、会社の行事に参加させたりするのもよいでしょう。

老舗のある方は、父から工場見学や社員旅行に連れて行ってもらううちに「将来はここを継ぐんだな」と意識したと語っていました。

株式会社てっぺんを創業し、「居酒屋甲子園」を立ち上げた大嶋啓介氏は、当時幼稚園生の息子さんから「パパのようには、なりたくない」と言われてショックを受けたそうです。というのも、当時はいつも疲れている姿を見せていたそうです。はっとした大嶋さんは、そこから意識的に楽しんでいる姿を見てもらうようにしたところ、卒園式で「将来の夢は、パパのようになることです」と言ってくれたそうです。

跡を継ぎたくなるような背中を

工場見学

社員旅行

 100年企業創りコンサルタントのアドバイス

子供が「継ぎたい」と言ってくれるように、自らの言動を振り返ってみましょう。

親族の後継者は 他業種で修行をさせる

ぬるま湯に浸からせてはいけない

🔍 育成失敗は会社にとって命取り

引き続いて、長いスパンで親族内承継を考えている場合です。

私は、これまでコンサルタントとして数多くの会社を見てきました。なかには「もう倒産は避けられないな」という会社も残念ながらあります。

その原因として「後継者の育成に失敗した」というケースは珍しくありません。具体的に言えば「後継者にきちんと修行をさせられなかった」というものです。特に、同族、それも子供に事業を継がせる場合は、経営者本人は厳しくしているつもりでも、どうしても甘やかしがちです。

よくある間違いが、**取引先のメーカーで修行させる**こと。

受け入れ側も、未来の社長と良い関係を築こうと、これでもかとばかりに甘やかしますから、ちやほやされるだけで戻ってきてしまいます。

これでは修行どころか、遊びに行ったようなものです。

🔍 修行先におすすめの業種とは

私が後継者の修行先としておすすめしているのは「**金融機関**」や「**広告代理店**」です。金融機関では、経営者として重要な資金繰りについて学べますし、何より社会人としての基礎が身につきます。

そして、広告代理店では、商品のPRをどう打ち出すか、時代に合ったプロモーション技法を身につけることができます。そして、金融機関も広告会社も、**さまざまな業種と関われる**ことが、最大のメリットです。

経営者として何を目指すにしろ、他業種の視点は欠かせませんから。

付け加えると「親の企業に最初から就職する」のは、最悪のパターンです。

仕事をイチから身につける大切な時期を、ぬるま湯で過ごすわけですから、革新的な経営は望むべくもありません。

かわいい後継者には旅をさせよ

付き合いのある取引先 ×

後継者

「何かあったら言ってよ」

「坊ちゃん!」

何事もなく帰ってもらおう…

優しくしておけば将来良いことあるかも……

縁のない他業種 ○

新人か!
一人前になるまで
ビシバシ鍛えてやるから
覚悟しろよ!

上司　　　　　　　後継者

| オススメ修行先 | 金融機関 | 資金繰りが理解できるようになる |
| | 広告代理店 | 自社の売り出し方がわかる |

 100年企業創りコンサルタントのアドバイス

親族内で後継者を育てるなら、金融機関や広告代理店がおすすめです!

後継者育成の
具体的なスケジュール

先代との並走期間はなるべく長くとる

🔍 修行先から戻ったあとは

　子供に継がせる場合の後継者育成計画についてもっと掘り下げましょう。前項でも述べた別会社での修行は5年ほどが望ましいでしょう。

　仮に新卒で修行先に入ったとして、27歳になったら自社に入社してもらいます。まずは、会社のあらゆる部門に入れて、ひととおりの経験を積ませます。各部門には何年も在籍する必要はありません。1年で十分です。

　メーカーでしたら、営業1年、工場1年、経理1年、企画1年、人事1年……という具合です。

　こうした人事は社内から見れば「後継者はこの人です」と言っているようなものなので、子供には良くも悪くも注目が集まります。「先代と違って○代目はダメだね」といった声が挙がるかもしれません。

　こうした評価を覆すためにも、熱意だけは見せつけねばなりません。

　朝は誰よりも早く来て、夜は最後に帰る。

　このくらいの姿勢を各部門で見せれば、見る目も変わってくるでしょう。

🔍 30代後半からは二人三脚

　また、子供には各部門の若手から「将来のNo.2」候補を見つけるように言っておくといいでしょう。古い言い方をすれば番頭ですね。社長になったときには、彼らとともに会社を経営していくのです。

　さて、部門が5つあると仮定して、ひととおり経験すると後継者候補は32歳くらいです。いよいよ役員にして、責任あるポジションに就いてもらいます。それから5年経つと、社長はたいてい、本書で触れた事業承継を始めなければならない65歳前後となっています。あっという間ですね。早いようですが、そこからは社長・会長としての並走期間に入ります。

長期的バトンタッチ計画

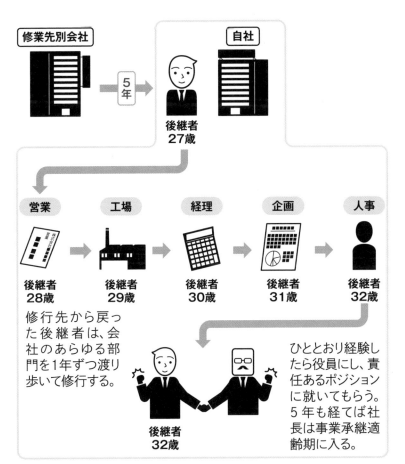

修業先別会社 → 5年 → **自社**

後継者
27歳

営業	工場	経理	企画	人事
後継者 28歳	後継者 29歳	後継者 30歳	後継者 31歳	後継者 32歳

修行先から戻った後継者は、会社のあらゆる部門を1年ずつ渡り歩いて修行する。

後継者
32歳

ひととおり経験したら役員にし、責任あるポジションに就いてもらう。5年も経てば社長は事業承継適齢期に入る。

100年企業創りコンサルタントのアドバイス

スケジュールを見ればおわかりのように、時間は無限にあるようで有限です。

12 後継者と一緒に 社員も計画的に育成を

社長だけ育っても意味はない

🔍 後継者ばかりに目を向けない

さきほど、将来の No.2 となる若手社員について触れましたが、No.2 に限らず、**会社を支える社員も後継者と同時に育成しなければなりません。**

せっかく会社を継いだ新社長が立ち往生しては、本末転倒です。

最近では、**後継者と一緒に若手社員を集めて研修やセミナーを受けさせる**ところも増えているようです。言うまでもなく社員あっての会社ですから、後継者の育成と同じように社員教育もおろそかにしてはいけません。

🔍 社員の年齢構成に偏りを持たせない

人材の活性化という点でとても大切なのが、**社員の年齢構成**です。

本書執筆時点で、TOMA コンサルタンツグループ社員の平均年齢は、38 歳くらいです。10 年指をくわえていたら、あっという間に平均年齢は 48 歳くらいになってしまい、危険水準に達します。

こうなってからでは、いざ若い人を採用しようと思っても、入ってくれる若者が見つからないからです。

入る方の気持ちになってください。職場で周りを見渡したとき、50 歳がらみの社員ばかりではやる気が起きるわけがありません。

また、小規模な会社では、数えるほどの 20 代社員の存在に安心していたところ、彼らが辞めてしまって**一気に平均年齢が上がるケース**も多いので、継続的・計画的な採用計画は欠かせません。

年齢構成に偏りがなければ、役員の定年を決めておいて、一定の年齢に達した人は辞めてもらう仕組みをつくっておけば、経営者と同じく社員も自然な形で世代交代が進みます。

「キープ・ヤング」の精神を忘れずに新規採用を行いましょう。

大切なのは続けていくこと

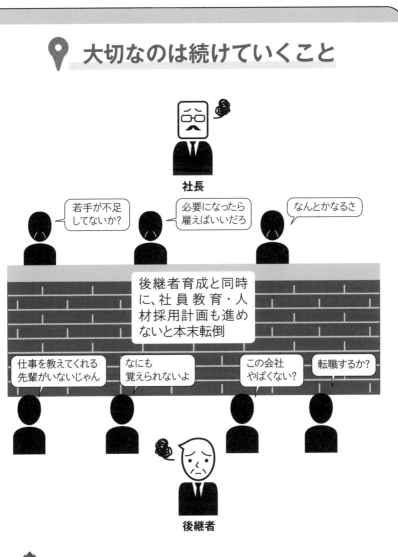

社長

若手が不足してないか?

必要になったら雇えばいいだろ

なんとかなるさ

後継者育成と同時に、社員教育・人材採用計画も進めないと本末転倒

仕事を教えてくれる先輩がいないじゃん

なにも覚えられないよ

この会社やばくない?

転職するか?

後継者

100年企業創りコンサルタントのアドバイス

社内の活性化には社員教育に加えて、計画的・継続的な採用も欠かせません。

13 後継者は1年間 社長室長として同行する

帝王学伝授と挨拶回りの一石二鳥

🔍 社長の仕事を疑似体験する

　親族内承継、親族外承継問わず、社長に就任する直前の1年間は「社長室長」のようなポストを設けて後継者を就け、社長の仕事すべてに同行させるのがおすすめです。

　主要なクライアントはもちろん、銀行との話し合いなどにも同席すれば、社長が何を考え、どんなことをしているのか肌で感じることができるからです。

　社長としても、通常の仕事をこなしながら後継者とキーマンを引き合わせることができるので、時間の節約にもなります。

🔍 老舗すき焼き屋での衝撃的な体験

　かつて東京・上野に、江知勝という1871年創業の老舗すき焼き屋さんがありました。超一流の味とサービスで知られており、芥川龍之介、夏目漱石、森鴎外などの文豪の作品にも登場しています。

　私も一度だけ訪れたことがあります。

　満足して店を出たあと、同行した人が言いました。

　「藤間さん、下足番（履物の出し入れの担当）、誰だったか知ってる？」

　心当たりがなかったので「いや、わかりません」と言うと、驚くべき答えが返ってきました。

　「歳をとった人と若い人が一緒にやっていたでしょ。**ここの経営者と後継者なんだよ**」

　江知勝では、後継者は下足番から始まり、お店のあらゆる業務を先代とともにこなすことで、帝王学を学んでいたのだそうです。

　先代が自ら下足番を買って出るところに老舗の凄みを感じたものです。

就任直前の1年間が大事

社長　社長室長

親族外承継、親族内承継にかかわらず、後継者は「社長室長」に就ける。

あらゆるミーティングに同席することで社長と思考を共有する。

社長としても後継者教育と新社長の紹介を同時にできて非常に効率的。

社長業のシミュレーションを通じて後継者もだんだんと覚悟が決まってくる。

 100年企業創りコンサルタントのアドバイス

社長と一挙手一投足を共有することで後継者も覚悟が決まってきます。

14 経営者としてのタイプを 自覚し、変える努力を

それぞれの長所と短所を把握し行動する

🔍 「0を1にするタイプ」は独裁に注意

ここからは社員のなかから後継者を選ぶ場合です。あらゆる業種の経営者と接してきて、私は彼らを2つのタイプに分けられると悟りました。

新たな分野を切り開くのを得意とする「0を1にする」タイプと、すでに会社にある成功の種を芽吹かせる「1を10にする」タイプです。

どちらも一長一短ありますが、共通するのは後継者候補を育成するにあたり、意識してマインドを変える必要があるということです。
「0を1にする」タイプは自分の理想に向かって突き進むあまり、強権をふるう傾向にあります。私もまさにこのタイプで、幹部社員がみな離れていってしまい、事業承継どころではありませんでした。

しかし、詳しくは次項に譲りますが、自分の経営スタイルを変え、意識的に**社員を信じて任せる**ようにしたら、とたんに後継者の育成がスムーズに進みました。

🔍 「1を10にするタイプ」は気にし過ぎ

逆に「1を10にするタイプ」は、周囲の意見を尊重し過ぎるので、社内からは慕われるのですが、新規事業を立ち上げたりするのは不得手です。また、各部署間の調整に追われている経営者の背中を見ている幹部社員たちは、社長という仕事に魅力を感じなくなっていきます。

そういう自分を自覚したのなら、一度、**思うようにやってみる**ことです。その姿を見て「社長をやってみたい」と思う後継者が現れるはずです。

さらに言えば、後継者候補たちの仕事ぶりにも、すでにこの2タイプの傾向は現れているので、業界の風向きや業績によって後継者選びの指針にもなり得るのです。

経営者のタイプ別傾向と対策

０を１にする経営者

⭕ 長所	❌ 短所
・新規事業の開拓が得意 ・人との衝突を苦にしない	・経営者の独裁につながることも ・幹部社員の心が離れがち

事業承継の準備では…

思い切って社員を信じて任せてみる

１を10にする経営者

⭕ 長所	❌ 短所
・社内の雰囲気が良くなる ・部署間の調整がうまい	・新規事業の開拓に向かない ・社長の仕事が魅力的に映らない

事業承継の準備では…

一度でいいから意志を貫いてみる

 100年企業創りコンサルタントのアドバイス

良し悪しではなく、いずれのタイプも変わらなければ後継者は現れません！

4ステップ1サイクルで
自ら考える社員が育つ

考えさせ、発言させ、行動させ、反省させる

🔍「後継者がいない」のは自分の責任

前述の「0を1にする」タイプだった経営者の私が、社内に後継者育成の土壌を築くために行った工夫を紹介しておきます。

社内から後継者を選ぶにあたり「任せられるものならば、任せたい。でも適した人材がいない……」と嘆く経営者が大半を占めますが、それは、普段の自分の姿勢に問題があるのです。

かくいう私も、社員の意見をほとんど聞かず、会議で決まったことを「ちゃぶ台返し」することもしばしばでした。

それでは社員は育ちませんし、後継者になりたいとも思わないでしょう。

🔍 4つのステップを回す仕組みづくり

独裁をやめた私は、人材育成の仕組みをつくるため、4つのステップを社員に課しました。具体的には、「1. 考えさせる」「2. 発言させる」「3. 行動させる」「4. 反省させる」です。徹底的に考えさせ、どんどん発言させ、積極的に行動させる。そのうえで、最後に反省させる。

これを繰り返せば、おのずと社員は伸びていくのです。

ところが、かつての私を含め、多くの経営者がこれとは真逆のことをやっています。社員が案を出しても「ダメだ」とすぐに却下したり、曖昧な返事をしてうやむやにしたり……。

これでは、社員は二度と案は出しませんし、「社長の言うことだけをやっていればいい」と思うようになります。

そんな社員ばかりになれば、自分の後を継がせたい者がいないのは当然のことです。上記の4つのステップを意識して、後継者の芽を育てておきましょう。信じて任せないと、会社は社長の器以上になりません。

人を育てる4つのステップ

STEP1

考えさせる

STEP2

発言させる

STEP3

行動させる

STEP4

反省させる

 100年企業創りコンサルタントのアドバイス

「後継者が育たない」のは自分の責任！
4つのステップを回して人財の育成を。

16 社員が意見を出せる 仕組みづくり

自主性を育てるトレーニング

🔍 否定しないことが大切

　普段から社員に徹底的に考えさせ、どんどん発言させ、積極的に行動させる。そのうえで、最後に反省させる——前項ではこの4つが大事だとお伝えしました。とはいえ、実際に始めてみると大変なはずです。なにしろ、最初の頃に出てくる意見は、どこかで見たことがあったり、採算が度外視されていたり、ターゲットを絞れていなかったり……。

　つい、否定したくなるでしょうが、**そこが我慢のしどころです。**

　社員たちは現場にいるぶん、経営者のように高い視座に立ち、多角的にものを考えられないのは、当たり前です。人材、ひいては後継者育成のトレーニングだと思って、荒唐無稽なアイデアでも、まずは耳を傾けます。

🔍 提案1件500円の「HAPPY提案」

　経営者の聞く姿勢だけではなく、社員が積極的に意見を出せる環境づくりも大切です。ここで、社長時代の私が導入した施策を紹介しましょう。

　名付けて「HAPPY提案」という制度です。

　これは「社員が会社の改善提案をするたびに500円を支給する」という仕組みです。最初は「社内の自動販売機にコーラを入れてほしい」という思いつきのようなアイデアも散見されました。しかし、否定せずにいると、社員たちから「こんな提案はルール違反ではないか」と指摘が挙がり、どんどん質が上がっていきました。

　結果的には多くの優れたアイデアを集めることができました。それ以上の収穫は、会社を変えるために、自ら考え、提案する社員が増えたことです。経営者目線に立てるようになった彼ら、彼女らのなかから、自然に「この会社を継いでみたい」と発想してくれる人が現れれば、しめたものです。

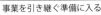

自主性を育てる環境づくり

これはいかん！　社員が自発的に考えてくれるには…

指示待ち

社員が指示待ちでなかなか改善提案が上がってこない…。

提案です！

500

質に関係なくアイデアひとつにつき500円を支払うことにすればいい！

あんなこと 500　こんなこと 500　こうしてほしい 500

アイデア続出！思いつきレベルのものは社員間で自浄作用が働き減少。

経験値UP！　経営者目線

会社のために自ら考えアイデアを出す社員が増加。経営者目線を獲得！

 100年企業創りコンサルタントのアドバイス

**後継者づくりは、環境づくりから。
耳を傾けることからすべてが始まります。**

17 経営者以外にも承継は無縁ではない

心の準備は組織の人間全員で行うもの

🔍 いつかは次のポジションに移る

本書の読者の多くは、事業承継を行う立場にある経営者の方々だと思いますが、なかには「経営者ではないけれど事業承継に関心があるビジネスパーソン」や、「事業承継をされる側の幹部社員」もいらっしゃることでしょう。その方々に忠告しておきます。「事業承継は、決して経営者だけの問題ではない！」ということを。

経営者が事業承継を行えば、その後継者もまた、それまでの自分のポジションを誰かに譲ることになります。つまり、トップがその座を明け渡せば、兼務などがない限りは、ひとつずつポジションはずれていく。

極端に言えば、組織のすべての階層で、新たに自分の仕事をする人への「承継」が行われるということです。

🔍 全員が「ひとつ上」の仕事を意識する

もちろん、原理は上記のとおりでも、組織の実務はそんなに単純ではありませんよね。実際には「同じ人がずっと同じポジションで、同じ仕事をしている」といったことが、よく起こります。

しかし、それは「既得権益」がはびこる原因になりかねません。

そうならないために、すべての社員が「〇年で次のポジションを狙う」という目標を持って、日々の仕事を行うことが大切です。

野村證券株式会社中興の祖、奥村綱雄氏はこう言っています。「ひとつ上の仕事をやれ。社員は主任の、主任は課長の、課長は部長の、部長は役員の、それで初めて大きな仕事ができる」

経営者に話を戻すと、事業承継を良い機会として、社員全体がこうした意識を持てるよう、仕組みでサポートしてあげる必要があるのです。

会社での役割も承継されていくもの

既得権を生み出さないためにも

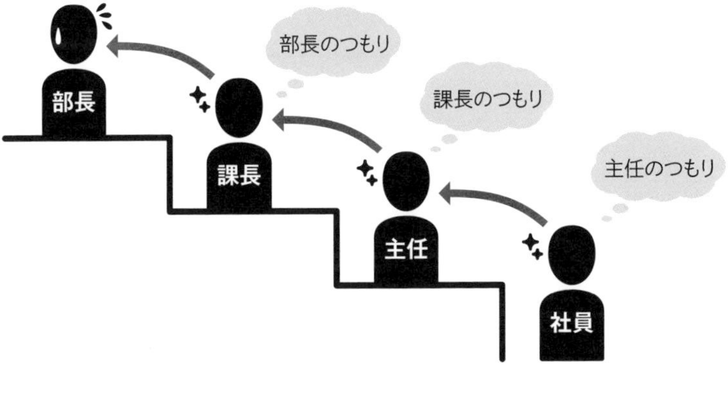

100年企業創りコンサルタントのアドバイス

トップに限らず、あらゆる階層で承継をスムーズにすれば既得権を打破できます。

後継者に贈りたい！
永続企業を創るための言葉②

「素人だから飛躍できる」

（安藤百福）

　安藤百福は1910年、台湾に生まれた日清食品の創業者です。当時、台湾は日本に併合されていたため、日本領土でした。

　百福は若くして起業しています。学校卒業後、図書館の司書を経て、22歳で手袋、靴下、肌着などに用いられるメリヤスを扱う「東洋莫大小」を設立しました。

　図書館に勤務していた頃に、日々、新聞や雑誌に目を通しているうちに、メリヤスの将来性に目をつけたそうです。

　百福は大阪へ進出を果たすなど、順調に事業の業績を伸ばしました。ところが、戦後の混乱期に全財産を失ってしまいます。

　そこで、48歳の百福が起死回生で開発したのが、世界初のインスタントラーメン「チキンラーメン」です。

　戦後、ラーメンの屋台に並ぶ人たちの姿が忘れられずに、誰でも簡単に作れるラーメンに挑戦したのです。

　世界食を誕生させた百福が発したのが、冒頭の言葉です。企業経営においては、社長である自分より社員のほうが現場を熟知している……なんてことはよくあることです。しかし、現場を知らないからこそ、見えることがあると教えてくれる言葉です。

Chapter **3**

後継者は
どう選ぶか

事業承継を決意してそれを周囲に表明し、社外のプロに相談
して準備ができたら、次はいよいよ後継者選びです。親族内
承継、親族外承継に分けて解説していきます。

18 親族内承継で兄弟経営を選ぶとき

あとあと揉めないためのコツがある！

🔍 株は「兄弟仲良く」ではいけない

　まずは親族のなかから後継者を選ぶ場合です。子供が2人以上いれば、兄弟経営を考える人も多いでしょう。よく見られるのは、兄弟2人での経営です。**仲良く事業を営んでもらうのが、親としては理想的なわけです**が、これにはいくつかの注意点があります。

　まずは、安易に株を均等に分けて、経営を不安定にさせないこと。株については、68ページでも解説しますが、ひとりに集めておくことが大切です。例えば長男が社長、次男が専務という形にするのであれば、社長である長男に株を集めるようにしましょう。のちのち2人が揉めたときに、会社の経営全体に影響を及ぼすので、とても大切なところです。

　また、承継前にしっかりと会社内での役割分担をすることも重要です。持ち場を決めれば責任も明確になり、社員の混乱も避けられます。

🔍 こんな役割分担は失敗する

　兄弟で役割を分けるときに、揉めやすいパターンがあります。それは、**長男を社長にして営業を、次男を専務にして経理を担当させる**ことです。

　兄弟経営だと、自然とこうなる会社が非常に多いのですが、長男は社長でありながら、経理は専務なので、自由にお金を使うことができません。

　当然、不満が溜まってきて、決裂することが少なくないのです。

　もちろん、性格的な適性も考慮すべきですが、私の経験では、社長には管理部門を、専務には営業部門を任せたほうが、うまくいくことが多いです。兄弟ならではのパワーバランスも考慮して、事業を渡す側がうまく差配してあげるのが大切です。両親が亡くなってしまってからでは、喧嘩の仲裁もできないのですから。

株は必ずひとりに集中させること

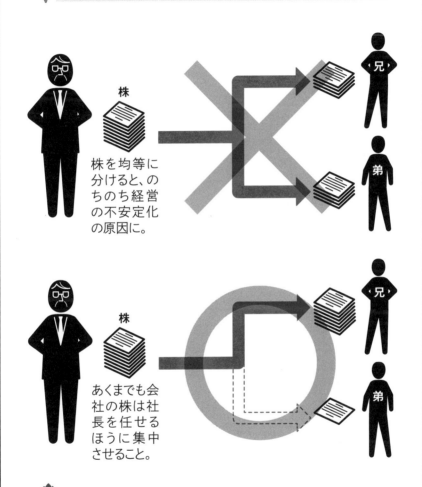

株

株を均等に分けると、のちのち経営の不安定化の原因に。

兄

弟

株

あくまでも会社の株は社長を任せるほうに集中させること。

兄

弟

100年企業創りコンサルタントのアドバイス

兄弟仲良く会社を経営してほしければ、先を見据えて手を打っておきましょう。

19 親族内承継では 娘も選択肢に入れる

「跡取りは男子から」はもう古い

🔍 広がる「跡取り娘」の活躍

　親族内で後継者を考える場合、どうしても男子のことばかりを考えがちです。私に相談してくる経営者のなかにも「うちは娘しかいないから……」と事業承継そのものを諦める人が少なくありませんが、これだけ女性が社会で活躍する時代になっていますし、実際に実業界では女性後継者の活躍が目立ってきています。

　例えば、「ホッピー」を主力商品とするホッピービバレッジ株式会社。ホッピーの開発者でもある創業者の石渡秀氏の孫娘・美奈氏が3代目として承継し、数々の新事業を手掛けるなど大活躍されています。

　高級紳士服店の銀座テーラーグループでは、2020年に3代目の鰐渕美恵子氏から、4代目として娘の小倉祥子氏に事業承継がなされています。

　これからも女性が跡取りとして事業を承継するケースは増えてくるでしょう。女性の事業承継に特化した「跡取り娘ドットコム」というウェブサイトがあるくらいです。

　「娘じゃ継げないから娘婿がほしい」という相談もよく受けますが、上記のような潮流を考えると時代遅れな意見です。**ただでさえ少子化で、子供への承継が難しい時代**です。本書では便宜上、事例や解説で男性を例としていますが、女性による承継は当然あるべき選択肢のひとつです。

🔍 候補者はひとりでも多いほうがいい

　親族内承継を考えており、かつ、娘さんがいて適性がありそうならば、**あらかじめ候補者のひとりとして役員に入れる**など、準備をしておくとよいでしょう。

　選択肢が広がり、思わぬビジョンが描けるかもしれません。

女性社長は日本全体で増えている！

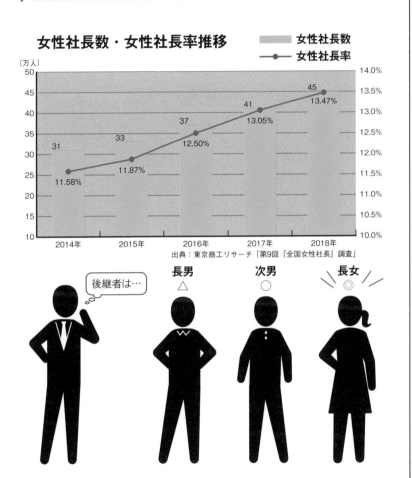

女性社長数・女性社長率推移

女性社長数
女性社長率

（万人）

年	女性社長数	女性社長率
2014年	31	11.58%
2015年	33	11.87%
2016年	37	12.50%
2017年	41	13.05%
2018年	45	13.47%

出典：東京商工リサーチ「第9回『全国女性社長』調査」

後継者は…

長男 △
次男 ○
長女 ◎

 100年企業創りコンサルタントのアドバイス

「跡取り娘」の活躍は全国的に増えている。 可能性を狭めずに広く検討しましょう！

親族内承継では
婿養子という選択肢も

世界的にも珍しい婿養子という制度

🔍「100年企業」に養子戦略は欠かせない

日本には「100年企業」と呼ばれる、長い歴史を持つ中小企業が数多くあることは先述したとおりです。なかには、さらに長いバトンタッチを成功させてきた「200年企業」もあります。

これほどまでに長く事業を存続させられる秘訣については、第7章で事例を交えて解説しますが、ひとつ挙げるとすれば、**養子縁組制度をうまく取り入れてきたこと**でしょう。

私の家系も曽祖父が子供に恵まれなかったのですが、番頭さんを養子に入れることで、事業を承継させています。その番頭さんは、小学校を飛び級するほどの秀才だったそうです。

親族内承継を考えていて、子供がいない場合は、必然的に養子戦略が視野に入ってくることになります。

🔍 日本独特の婿養子という制度

子供がいる場合も、養子戦略は有効です。

例えば、**娘さんのご主人に婿養子に入ってもらう**ケースがそうです。

会社を継ぐことを前提に結婚時に婿養子になったり、継ぐ段階で婿養子になったりするのです。会社経営だけを考えれば、婿養子にならなくても承継は可能ですが、相続の問題を考えると、婿養子が望ましいでしょう。

ただし、養子・婿養子いずれにもいえることですが、親子になってから「やっぱりやめます」というわけにはいかないので、**少なくとも1年はその人物を見極める時間をとるべき**でしょう。次項の「人材の3分類」でどのタイプに当てはまるのか、どんな側近をあてがえばうまくいくのか、などを考えておくと、ビジョンが描きやすくなるでしょう。

100年企業に養子戦略はつきもの

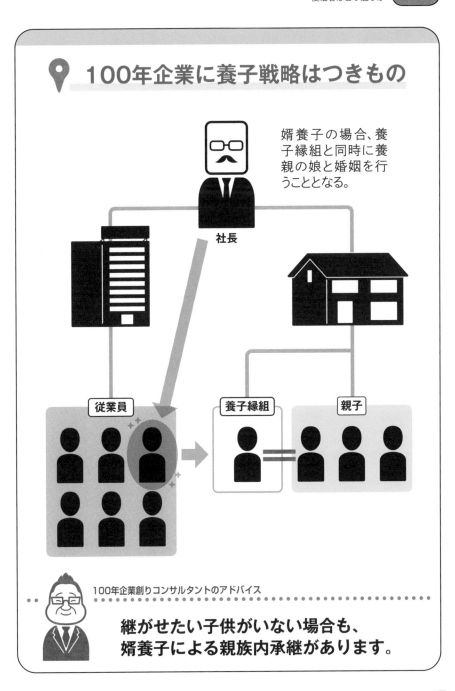

婿養子の場合、養子縁組と同時に養親の娘と婚姻を行うこととなる。

社長

従業員

養子縁組

親子

100年企業創りコンサルタントのアドバイス

継がせたい子供がいない場合も、婿養子による親族内承継があります。

経営者に向く人材、向かない人材

能力とは別の資質が求められる

🔍 起業家タイプと管理者タイプは二人三脚で

ここからは親族以外に承継させるケースについて解説します。

社内から選ぶ場合、後継者を決めるにあたり、現在、社内にはどんな人材がいるのか、改めて把握しておくべきです。

人材には大きく分けて3つのタイプがいます。

まず、会社を大きく伸ばすのは「**起業家タイプ**」。時代に合ったアイデアを事業に落とし込んで、新たな顧客を獲得していく。後継者を選ぶ際には、第一候補に考えたい人材です。

ただし、起業家タイプは暴走すると、最悪の場合、会社を潰してしまいかねません。どんどん新しいことに挑むがゆえに、うまくいかなかったときのダメージが大きいのです。

そのストッパーとなるのが「**管理者タイプ**」。管理者タイプは、何をやるにもまず疑ってかかり、「失敗したらどうするか」を常に考えます。起業家タイプと管理者タイプはときにぶつかることもありますが、けん制し合うことで、活気のあふれた強い組織になります。

🔍 職人タイプは会社を伸ばさない

そして3つ目が「**職人タイプ**」。実は、経営者タイプと管理者タイプだけでは、何も生み出すことができません。品質の高い製品やサービスを生み出しているのは、彼らです。ただし、職人タイプは、組織全体を伸ばすことはできないので、頼り過ぎないように注意すること。

ちなみに割合としては「起業家タイプ」が3割、「管理者タイプ」が5割、「職人タイプ」が2割くらいでうまく会社が回ります。能力とは別にこうした資質を見極め、今の会社に合った人材を選びましょう。

組織は3タイプで回っている

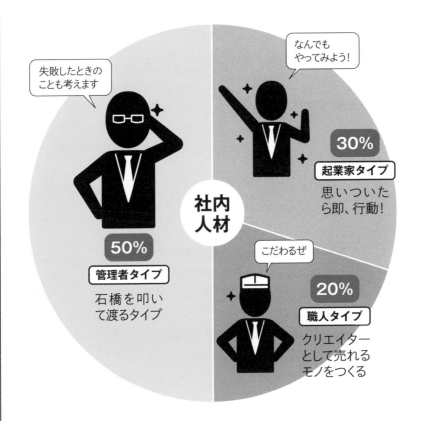

失敗したときの
ことも考えます

なんでも
やってみよう!

30%
起業家タイプ
思いついた
ら即、行動!

社内
人材

こだわるぜ

20%
職人タイプ
クリエイター
として売れる
モノをつくる

50%
管理者タイプ
石橋を叩い
て渡るタイプ

100年企業創りコンサルタントのアドバイス

**人材としての能力と資質を混同しないで、
組織を伸ばせる人物を選びましょう!**

22 社内から 後継者を選ぶ方法

結局は「この人についていける」かどうか

社内で匿名アンケートをとる

会社が一族経営ではない場合、もしくは、一族経営から脱する場合は、**内部から後継者を決める**ことになります。TOMA コンサルタンツグループの場合も、初代の私から親族外の市原和洋氏に、社長の座を譲りました。息子に断られた時点で、従業員のなかから後継者を選ぶことを決意し、実行に移したのです。

ただし「65 歳で社長の座を譲る」と公言しながらも、後継者選びは難航しました。後継者候補の幹部が会社を辞めてしまう……そんなこともありました。

そこで「**社内から選ぶなら、誰を後継者にすべきか**」について、パートも含めた社員全員にアンケートをとってみました（もちろん、回答については、私以外は見ないという前提です）。

その結果が、ダントツで市原氏だったのです。どこが突出していたかといえば「**人柄**」です。「最後まで人の話を聞く」「後輩の面倒見が良い」……アンケートには、彼の良いところがたくさん挙げられていました。

みながそう言うならと、私も腹をくくることができました。

後継者が「いない」なら「つくる」

市原氏は、私のような「0 を 1 にするタイプ」ではなく「1 を 10 にするタイプ」です。だからこそ安心して任せられたのかもしれません。**同じタイプの経営者が続かないほうが、組織は活性化**するからです。そのぶん、会長の私が「新しい風を吹かせろ」と年中言っていますが……。

「社内に後継者がいない」という声を経営者からよく聞きますが、このように後継者は「いない」なら「つくる」ものなのです。

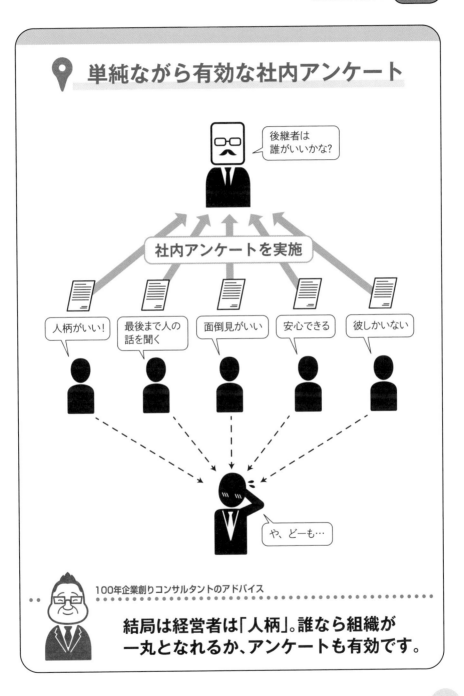

社外から
後継者を選ぶには

大企業の管理職には要注意

外部の人は良く見えて当たり前

　親族にも、社内にも候補者がいない場合は、社外から後継者を探すわけですが、気をつけたいのが、大企業の管理職を候補とすることです。

　中小企業の経営者は「大企業の管理職」という肩書きを過大評価する傾向にあります。つい、**「あの大企業のノウハウを我社に取り入れたい！」**と夢見がちです。しかし、ここは立ち止まって考えなければなりません。

　会社というものは、大きくなればなるほど、社員はその歯車になりやすく組織への当事者意識が薄れていきます。例え話をしましょう。

　会社のトイレが悪臭を放っているとします。大企業の部長さんであれば、総務部に「臭いよ」と言っておけばいいだけ。

　一方、中小企業の経営者ならば、その程度の問題であっても、**自ら芳香剤でも買いに走るのが正解**です。大企業ほど職域が分散しているわけではないので、人任せでは些細な問題も解決しないことが多いのです。

　こうした動きを、「大企業体質」が身にしみてしまった人がとれるでしょうか？　自分の会社でも輝ける人材かどうか、よく考えましょう。

まずは部門を任せてみる

　それでも社外から後継者を招聘したいのであれば、まずは**ひとつの部門を任せてみて**、うまくいけば、ポジションをひとつずつ上げていきます。

　また、入社時に**「将来的に社長になってほしい」**ととれるような誘い文句を使うのは、絶対にやめましょう。お互いに期待外れだったときのダメージが大きくなるからです。

　私としては、企業理念や社風を理解している社員から後継者を探すことを考えたほうが、スムーズな事業承継ができるのではないかと思います。

「後継者候補」としての入社はNG

誰もが知る大企業の出身だからといって、いきなり社長候補にするのはお互いにとって不幸を招くことが多い…。

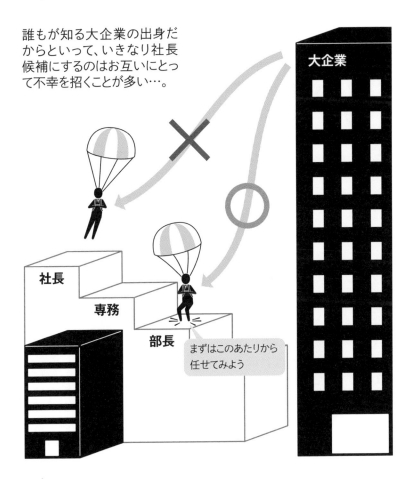

まずはこのあたりから
任せてみよう

 100年企業創りコンサルタントのアドバイス

**大手企業の名前に惹かれてはダメ！
もし招聘するのなら段階を踏みましょう。**

24 安易な
M&Aには要注意

会社がなくなってしまうことも

🔍 経営者としては選択肢のひとつ

　ここまで紹介してきたような選択肢のどれも難しい場合は、**会社の売却を検討する**ことになります。いわゆる M&A です。

　M&A の方法はさまざまありますが、中小企業の場合は、会社の株式のほとんどを経営者が個人で所有していることが多いため、**買い手側への「株式譲渡」**が、ポピュラーな方法です。

　気になるのが課税ですが、仮に 1 億円で売却したとして、そのすべてが課税対象になるわけではありません。受け取った金額から、譲渡した株式の取得費（創業者であれば、会社を設立したときの資本金にあたる）や、購入のための手数料などを引いた額、つまり、「譲渡益」に対して課税されます。譲渡益にかかる税率は上場、非上場ともに 20.315％です。

　となれば、かなりのお金が手元に残ることになります。経営者個人としては魅力のある選択肢といえるでしょう。

🔍 会社が解体されてしまうことも

　しかし、安易に M&A をした結果、**これまで経営者が積み上げてきたものがすべてなくなることもあります**。業態を全く違うものに変えられても文句は言えません。会社の所有する土地を目的とした M&A の場合、社屋が解体されて、文字どおり会社が跡形もなくなることもあります。

　だから、私は安易な M&A には反対です。**人生をかけて打ち込んだ事業ですから、受け継いでくれる人を探すべきだと考えます**。

　もちろん、買い手と売り手との間で理念がきちんと共有されれば、幸福な M&A が実現することもあります。買収をきっかけに、海外進出を果たした企業もありますから、すべてを否定するものではありません。

理念なきM&Aは不幸な結末を招く

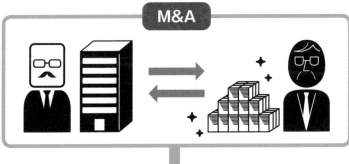

M&A

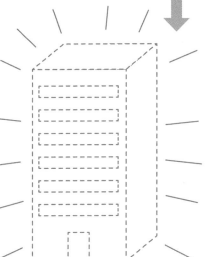

M&Aはあくまでも最後の選択肢。いったん経営権を失えば、会社がどのような形となっても文句は言えない。

あれ!?
なくなってる!

 ・・・・100年企業創りコンサルタントのアドバイス ・・・・・・・・・・・・・・・・・・・・・

人生をかけて打ち込んできた事業とお金、どちらをとるかよく考えましょう。

後継者に贈りたい！
永続企業を創るための言葉③

「壁にぶつかったときに乗り越えるには、
　自分たちの持っているビジョンに対する
　情熱で乗り越えるしかないんです」

（アレン・マイナー）

　日本のITベンチャー企業の育成に力を注いだ、アレン・マイナーという人物がいます。

　アメリカでオラクルに入社したのち、日本オラクルの立ち上げに参画。自ら初代代表に手を挙げて、東京に赴任しました。

　トップとして日本オラクルを急成長させると、1999年に株式を公開して退社。株式会社サンブリッジを創業。現在も世界有数のベンチャーキャピタリストとして活躍中です。

　企業を成長させるには、幾多の困難が待ち受けています。壁にぶつかったときに、リーダーはどんな姿勢で挑むべきか。そんなマイナーが残したのが、冒頭の言葉です。

　時代が変わり、技術は革新し、働く社員の労働観も変化していくなかで、経営者には常に変化に対応する力が求められます。

　絶えず変化する世界のなかで壁にぶつかったときに頼れるのが、ぶれないビジョンであり、経営理念なのです。

Chapter **4**

バトンタッチにあたり
注意すること

後継者を選ぶことができたら、いよいよ実際に事業の引き継ぎです。本書では細々とした実務面の詳説ではなく、絶対に押さえておきたい最低限の勘所をサクッと解説します。

週に一度は後継者と ミーティングを

お互いの考えていることをしっかり共有

🔍 ミーティングの議題はシンプル

さて、後継者が決まれば、いよいよ引き継ぎです。

言うまでもありませんが、経営者の業務は多岐にわたるので、引き継ぎは簡単ではありません。業務の範囲すらも定かではないというケースがほとんどではないでしょうか。

私が事業承継のコンサルティングにおいて必ずおすすめしているのが、週1回の「2人だけのミーティング」です。承継すると決めたその日からスタートさせてください。1回30分程度でかまいません。

テーマは「**お互いに何を考えているか**」の共有です。会長は実務や経営理念のことで頭がいっぱいだったとしても、社長は株式や保証人のことをまず知りたい、と思っているかもしれません。すれ違いを生まないためにも、意思疎通の場を意識して設けましょう。

🔍 本音をぶつけ合って大丈夫

この2人だけのミーティングで、大事なことは2つ。

ひとつは「**本音で話す**」こと。会長が社長に何か注文があるならば、このときに言う。また、逆に社長も会長に疑問、疑念があるならば、きちんと確認するようにしましょう。たとえ言い争いになったとしても、2人のときに本音で話し合っておかないと、ちょっとした違和感が、坂の上から転がる雪だるまのように、大きくなっていきます。そして、社員の前で、不満を漏らしてしまうという最悪の事態を招きかねません。

もうひとつ大事なことは「**最終決定は新社長が行う**」ということ。たとえ、まだ代表権は会長が保有したままでも、最終決定は、社長に委ねてください。これを守らないと、後継者に逃げられる原因になります。

本音ミーティングで不満蓄積を防ぐ

週1回、30分のミーティングを必ず持つ

資本は…　経営方針は…　株は…　保証人は…

決

大事なのは本音で話し合うこと。お互いへの注文や疑問があればすべてこの場で吐き出す。もうひとつ大事なのは、どんなに議論が紛糾しても最終決定は社長が行うということ。

 100年企業創りコンサルタントのアドバイス

本音で話し合いながらも、最終決定権は必ず新社長に。これがとても大切です。

26 株式承継の際に注意すること

割合がそのままメッセージとなる

株は過半数以上を譲渡すること

事業承継のときに、しばしば問題となるのが、**株式の承継**です。

私の場合は、自分の代で一族経営を脱却し社員に事業を承継して、いわゆる「普通の会社」になりました。そのため、株も過半数以上を、後継者を含めた10人の役員に渡しました（役員持株会）。このように株式を後継者に引き継ぐにあたっては、**少なくとも過半数以上を渡す**のが重要です。

これは「先代はもう経営には口出しできない」ということを意味するからです。正確には「たとえ意見を言うことができたとしても、決定はできない」ということですね。この状態をつくることこそが、事業承継のスタートなのです。実は安定的な経営には、過半数でもまだ足りないのですが、その点については次項に譲ります。

名実ともに後継者にする

株式を譲渡する際には、過半数を渡すことに抵抗を覚える経営者も少なくありません。ワンマン経営で伸びてきた会社ほどそうです。先代の立場に立てば、当然の心理といえます。

しかし、それでは、**後継者はどんな気持ちになるでしょうか。**
「自分はお飾りの社長なんだな」と思われても仕方がありません。

もちろん、会社の状況によってケースバイケースですが、引退後に自分がどれだけ株を保有し続けるのかが、後継者へのメッセージになることは念頭に置きましょう。

事業承継にあたって、一番のリスクは、**いったん決めた後継者に「やっぱりやめます」と言われる**こと。すべてが振り出しに戻ることのないように、株式についてはしっかり話し合っておきましょう。

株式を手放さないと不信感の種に

さあ、社長のイスを
君に譲ろう

株はやらんぞ

実権は
手離さない
つもりだな…

社長の座だけ譲っ
ても「お飾り」だと
後継者は捉える。

株と社長のイスだ

好きにしたまえ

お引き受けします！

株と社長の座を
譲って初めて、後
継者は安心する。

 100年企業創りコンサルタントのアドバイス

口で「これからは君の時代だ」と言っても、実が伴わなければ説得力がありません。

安定的な経営には 67%以上の株式が必要

「過半数で安心」はよくある誤解

🔍 株式を3分の2以上持つことの意味

株式譲渡を進めるにあたり「後継者には株式の過半数を渡せばいい」と誤解している経営者がいます。「半分以上渡したのだから、これで経営ができるだろう」と安心してしまうのですね。

しかし、これは間違いです。

後継者からすれば、株は過半数ではまだ足りないと、どこかで気づくことでしょう。なぜならば、3分の2以上、つまり67%以上の株を持っていなければ、株主総会において「特別決議」ができないからです。

特別決議で決められることは多岐にわたり「監査役の解任」「取締役・監査役・会計参与・会計監査人・執行役の責任の軽減」「資本金の減少」「相続人に対する株式の売渡請求」「定款変更・事業譲渡・解散」「組織変更・合併・会社分割・株式交換・株式移転」など、たくさんあります。

定款に企業理念などが盛り込まれている場合、その変更も含まれます。

67%以上の株を渡してあげて初めて、後継者もさまざまな意思決定が可能になる、ということを覚えておきましょう。

🔍 兄弟経営で揉める原因に

株式の集中を怠ると、あとあと揉める原因になりやすいのですが、よくある事例としては、兄弟経営でどちらかに67%以上の株式を持たせなかった、というものがあります。

例えば「社長である兄に60%、専務である弟に40%」と分けた場合、社長が過半数を所持していても特別決議ができません。

何をするにしても弟の賛成なしには進められなくなり、経営の不安定化、ひいては骨肉の争いにつながるのです。

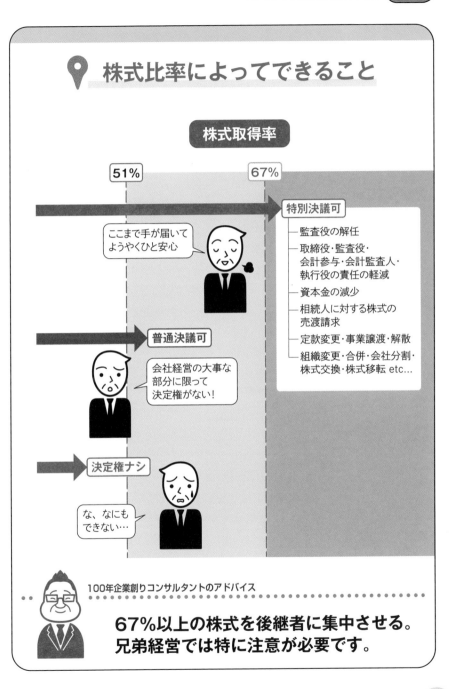

株式比率によってできること

株式取得率

51% 67%

特別決議可
- 監査役の解任
- 取締役・監査役・会計参与・会計監査人・執行役の責任の軽減
- 資本金の減少
- 相続人に対する株式の売渡請求
- 定款変更・事業譲渡・解散
- 組織変更・合併・会社分割・株式交換・株式移転 etc...

ここまで手が届いてようやくひと安心

普通決議可

会社経営の大事な部分に限って決定権がない!

決定権ナシ

な、なにもできない…

100年企業創りコンサルタントのアドバイス

67%以上の株式を後継者に集中させる。兄弟経営では特に注意が必要です。

保証人や担保は
重大な問題

親族外承継の際の大きなハードル

🔍 経営者には大きな責任が伴う

　企業の金融機関からの借り入れでは、**経営者が個人保証人になったり、担保を入れたりしている**ことが多いです。事業承継の際には、それも原則的には引き継ぐことになります。つまり、新しい経営者が個人保証人になったり、銀行に担保を差し入れたりするということです。

　これは大変な負担で、承継のハードルのひとつとなっています。

　事業がうまくいかなくなった場合、**自分の財産が差し押さえられる**かもしれないわけですから。

　親子間で承継するときには「子供に連帯保証人をさせるのは、かわいそうだ」と言い出す人もいますが、自分が亡くなってから、誰も保証人を受けなかったら、会社を売却しなければなりません。

　親族外承継の場合も、保証人の問題はネックとなってきます。

　前社長がつくった借金を、いきなりいち従業員だった後継者に継げ、というわけですから、この段になって二の足を踏む後継者候補が多いのも無理からぬ話です。現在は経営者保証に依存しない融資もありますし、公的機関が扱う制度融資にも条件付きで無担保・無保証人のものもあります。

　健全な経営状態で事業承継を迎えたいものです。

🔍 後継者の立場で見ると

　一方、引き継ぐほうの立場に立ってアドバイスをするとすれば、個人保証人や担保については、慎重に判断することです。

　実際に、従業員が事業承継して社長となり、個人保証人になってみたはいいものの、会社が倒産して、家をなくした事例も知っています。

　先代の経営責任を負わされたようなもので、これでは気の毒です。

個人保証人は重い負担

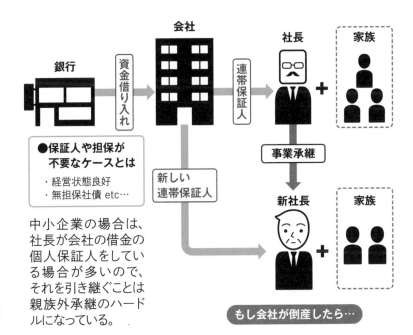

銀行 → 資金借り入れ → 会社 → 連帯保証人 → 社長 ＋ 家族

事業承継

新しい連帯保証人 → 新社長 ＋ 家族

●保証人や担保が不要なケースとは
・経営状態良好
・無担保社債 etc…

中小企業の場合は、社長が会社の借金の個人保証人をしている場合が多いので、それを引き継ぐことは親族外承継のハードルになっている。

もし会社が倒産したら…

倒産！

破産！

100年企業創りコンサルタントのアドバイス

親族外承継の場合は特に健全な経営を心がけないと、引き受けてもらえません。

会社に貸している土地や建物はどうする？

事業用資産は会社が所有するのが理想

🔍 親族外承継の場合の対応

中小企業の場合、経営者が保有する土地や建物といった不動産を会社に貸しつけて、事務所や店舗、工場の敷地にしているケースが珍しくありません。事業承継の際には、どうすればよいのでしょうか。

従業員に継がせるなどの親族外承継の場合は、事業用資産を一本化する意味でも、承継する前に会社で買い取っておくべきでしょう。ただし、低廉取得の場合は受贈益に対して法人税が課されますので注意しましょう。

渡した側とすれば現金が手元に残るので、引退後の資産運用などに活用できます。なかでも私個人としては都心の不動産投資をすすめています。

🔍 親族内承継の場合の対応

さて、親族内承継の場合は、そのまま不動産を相続するケースが多いです。相続税の負担については、「小規模宅地等の特例」という税務上の優遇制度が設けられていますので、活用を検討しましょう。

問題になりやすいのが、後継者以外の相続人です。先代がどんな遺言を書くかにかかわらず、相続人には法律上保障された一定の割合の相続財産があります。これを「遺留分」といいます。

不動産以外の資産を準備して、後継者以外の相続人が受け取れるようにしておくとよいでしょう。

不動産に限らず、事業承継後の相続はトラブルに発展しやすいです。

相続人たちの負担を減らすため、財産を贈与や譲渡などの形で移したり、財産の評価を落としたりするなど、専門家に助言を仰ぎましょう。

納税資金を確保するために「生命保険の非課税枠を利用する」「非課税枠内で少しずつ現金を移す」などの対策も有効です。

相続で見落としがちなのが遺留分

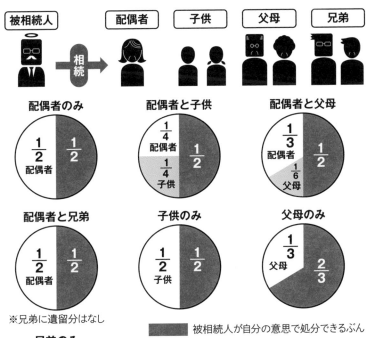

| 被相続人 | → 相続 | 配偶者 | 子供 | 父母 | 兄弟 |

配偶者のみ
1/2 配偶者 | 1/2

配偶者と子供
1/4 配偶者 / 1/4 子供 | 1/2

配偶者と父母
1/3 配偶者 / 1/6 父母 | 1/2

配偶者と兄弟
1/2 配偶者 | 1/2

※兄弟に遺留分はなし

子供のみ
1/2 子供 | 1/2

父母のみ
1/3 父母 | 2/3

■ 被相続人が自分の意思で処分できるぶん

兄弟のみ
100%

※兄弟に遺留分はなし

被相続人の遺言に関係なく、相続人には法律上保証された一定の割合の相続財産「遺留分」があり続柄によって割合が違うので、死後にトラブルに発展しないよう、差配しておく必要がある。

100年企業創りコンサルタントのアドバイス

**親族外承継の場合は会社で買い取る。
相続させるなら遺留分に注意しましょう。**

30 金融機関との関係づくりで大切なこと

メインバンク以外とも密なやりとりを欠かさない

🔍 取引先すべての銀行と話し合う

経営者として重要な仕事のひとつが「金融機関との関係づくり」です。

中小企業の場合は、銀行がコンサルタントのような役割を果たしていることもあるので、代替わりしても、良好な関係をつくれるよう、引き継ぎをきっちり行う必要があります。

まれに、「代替わりのタイミングで貸し剥がしに遭うのではないか」と心配する人がいますが、そんなことはありません。銀行借入契約には期限が定められていることによって債務者が受ける「期限の利益」というものがあり、期限が来るまでに返済を強制させられることはないのです。

とはいえ、密なコミュニケーションは不可欠です。私が社長だった頃は、10月1日に立てた経営計画を社員に周知したら、11月ごろには借り入れがあるすべての銀行に足を運んで、共有するようにしていました。

事業承継についても、早めの報告と後継者の紹介を済ませましょう。

🔍 準メインバンク以下が大切

さらに掘り下げますと、企業はついついメインバンクとの関係づくりを重視しがちですが、**準メインバンク以下の銀行だからこそ、忖度のない提案を経営者にしてくれる場合があります。**

事業承継の話題がまさにこれにあたり、メインバンクの担当者は後継者の話は出しにくいものです。言い方を間違えると、「引退勧告」と捉えられかねません。その点、準メインバンク以下だと「そういえば、事業承継はお考えですか?」と直球で質問してくれることも。

そんな調子で提案してくれれば、こちらも胸襟を開いていろいろな疑問をぶつけられます。こうしたテクニックも後継者に伝えてください。

メインバンクでないから言えること

メインバンク

関係が深いからこそ事業承継のような深刻な話が出にくいこともある。特に後継者問題についてはメインバンクから切り出すと「引退勧告」ととられかねない。

準メインバンク

お互いに、比較的気楽な関係である準メインバンク以下の担当者のほうが、世間話のような感覚で事業承継のような重大な問題を相談できることもある。

100年企業創りコンサルタントのアドバイス

1行との付き合いばかりを深くすると、忖度のない直言が聞けなくなることも。

新社長が
心がけたいこと

社員統率のために威厳も必要

🔍 失敗しない後継者の心得

　本書は主に事業承継する側の先代社長に向けて書かれていますが、会社を継いだあとに思い悩んでいる新社長も手に取っているかもしれないので、少し触れておきます。

　まず、新社長は、どうしても就任直後は社員に軽く見られがちです。特に自分より社歴が長い古参幹部に嫌われているときは気をつけましょう。周りを煽動していることもあります。

　社員になめられてしまっては、企業の統率は成り立ちません。

　親族外承継の場合、後継者は得てして社員のなかに敵が少ない、人当たりの良い人である傾向がありますが、これからは威厳も必要です。「怒らせると怖いな……」と思わせるくらいがちょうどよいと考えましょう。

🔍 創業者からの承継はひと苦労

　また、会長が2代目や3代目であれば、自分も事業承継されたことがありますが、創業者の場合は、当然その経験がありません。

　後継者の気持ちがわからないので、想像するしかないのです。

　だから、本書で述べてきたようなことはできず、アドバイスもピントが外れているかもしれません。しかし、そこは「ないものねだり」してもしょうがありませんから、こういうものだ、と割り切りましょう。

　後継者のほうから歩み寄り、「やってほしいこと」、逆に「手を出さないでほしいこと」をリスト化し、2人きりのミーティングの際にすり合わせましょう。社長として実現したいことは山ほどあるでしょうが、まずは先代の仕事を踏まえ、周囲の理解を得て、徐々に進めていきましょう。

就任直後にしたいひと工夫

おお〜っ!

新社長は就任直後、社員に軽く見られがち。社員になめられないよう「怒らせると怖い」くらいに思わせるのがちょうど良いと考えて、モデルチェンジが必要。

やってほしいこと	やってほしくないこと
・■■■■■■■	・■■■■■■
・■■■■■■	・■■■■■
・■■■■■	・■■■■■
・■■■■■	・■■■■
・■■■■	・■■■■
・■■■	・■■
・■	

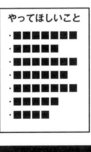

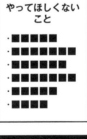

 100年企業創りコンサルタントのアドバイス

社員になめられてはトップは務まりません。「良い人」は卒業です。

後継者に贈りたい！
永続企業を創るための言葉④

**「人間にはいかに円くとも、
　どこかに角がなければならぬ」**

（渋沢栄一）

　2024年に紙幣が刷新され、一万円札の顔も福沢諭吉から渋沢栄一へと変わります。近年注目を集める渋沢は、温厚な性格で知られていましたが、一方で、言いたいことは我慢せずにはっきりと言うタイプで、自分を押し殺すことはありませんでした。

　渋沢は一橋家の家臣を経て、明治新政府で大蔵省へ入省。アメリカ式会計法を導入するなど改革に尽力します。

　しかし、陸海軍への支出をめぐり、大久保利通と対立することになります。そのまま大蔵省に残れば、出世は間違いありませんでしたが、結局は退官しています。

　実業家に転身した渋沢は、日本で初めての銀行を設立。その後、経営に関わった会社は500社にも及び「資本主義の父」と呼ばれる活躍を見せることになります。

　そんな渋沢が言ったのが、冒頭の言葉です。

　経営者は、社内外で多くの人と関わり、そこには必ず軋轢も生まれます。局面によっては、調整役に徹することも大切です。しかし、譲れない点においては、毅然とした態度をとり、その場の空気に流されない矜持がなければいけません。たとえ、相手が聞きたくないであろう直言も躊躇してはいけないのです。

Chapter **5**

最重要課題は
経営理念の承継

実は、事業承継において最も大切なのが経営理念を引き継ぐ
こと。「うちには経営理念がない」「そもそもそれって何？」
という方にもわかりやすく解説していきますのでご安心を。

事業承継とは
経営理念を引き継ぐこと

経営理念なんて古臭い、は大間違い

🔍 経営理念の浸透は絶対に必要

ここまでに紹介してきた、事業承継のキホンは、これから解説することに比べれば、枝葉に過ぎません。

とどのつまり、事業承継とは「経営理念を引き継ぐこと」です。

例えば、TOMAコンサルタンツグループの理念は「明るく、楽しく、元気に、前向き」です。これを朝礼で必ず唱和していて、後継者にもその習慣は引き継がれています。今ではオンライン会議になりましたが、それでも変わらずにやっています。「古臭い」と笑う人もいるかもしれません。

社風もあるでしょうから、やり方は自由でいいと思います。ただ、どんな方法であっても、経営理念を徹底させる試みだけは必ずやっておくべきです。でなければ、事業承継はうまくいかないと断言できます。

私が後継者に託したのも、経営理念の承継だけです。「この理念の確立と浸透をさらに徹底させてくれよ」。これだけで十分なんです。

やり方は時代の変化で変わります。しかし、あり方は変わらないのです。

🔍 同族会社が3代で潰れるわけ

なかには「うちには経営理念なんてないから」という会社もありますが、それはないのではなく、**承継されるなかで失われていった**のです。

経営理念がなくても、利益が出て、会社は回っている。そう見えるのは、創業者が心血を注いでつくりあげた経営理念が、「暗黙知」として、かろうじて機能しているに過ぎないのです。

そして「なんとなく親から引き継いだ」とうそぶくような社長が2代、3代、と続くうち、経営理念が形骸化していき、行き詰まるのです。

これが「一族企業は3代目で潰れる」というジンクスの正体です。

理念は時間とともに失われる

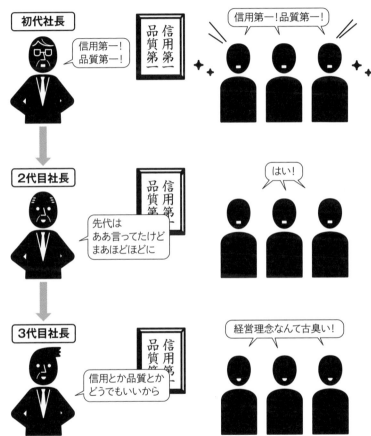

100年企業創りコンサルタントのアドバイス

徹底せずとも浸透していた経営理念も放置すれば代を経て失われます！

33 経営理念は
なければつくればいい

まずは会社の強みを再確認するところから

🔍 経営理念は個性的なものを

「とはいえ、これまで経営理念なんて考えもしなかったから、引き継ぐべきものもないなあ」

そう思われた人もいるかもしれませんが、大丈夫です。**経営理念がなければ、これからつくればいいのです。**そのために本書があります。

経営理念は時とともに失われると述べましたが、それでも、存続している会社の現場には、必ず何かしらキラリと光るものが息づいています。

それを**明文化していく作業**が、理念をつくるということなのです。

ほとんどの100年企業には経営理念があり、大切にされています。

🔍 会社や経営者の強みを理念に

具体的に言うならば「**同業他社にはない、その会社の強み**」ということになりますが、経営者自身の強みや特徴を掘り下げるのもよいでしょう。

私の場合は、周囲に、東大卒の経営者がわんさかいる環境でした。

そんななかで、「これだけは負けない」という自分の強みを考え抜いたとき、浮かんできたキーワードが、「**明るく、楽しく、元気に、前向き**」というものでした。

社員、お客様、ひいては世の中を、事業を通じ「明るく、楽しく、元気に、前向き」にする。この理念を掲げお客様「0」から、社員数200名を数えるワンストップコンサルティンググループをつくることができました。

パナソニックの創業者で「経営の神様」と呼ばれた松下幸之助氏は、こんな言葉を遺しています。

「**事業経営における一番の根本は正しい経営理念である**」

奇をてらう必要はないので、自分らしい経営理念を考えてみてください。

会社や自身の強みを考え抜く

A社
品質第一！

より多くの人に
商品を届ける！

C社
より安く！

B社

うーん…ウチは明確な
経営理念ってないしなぁ…

大手と同じ理念や経営方針じゃ
勝負にならないしなぁ…

ウチの強みといったら…

常に他社にないサービスを
掘り起こすべし！

これだ！

100年企業創りコンサルタントのアドバイス

自分たちにしかない特徴が、そのまま経営理念となります！

34 社長の本来の仕事は理念の組織への浸透

社員はボトムアップ方式で自発的に動かす

🔍 トップダウン方式が問題の根源

「会社は、社長の器以上の大きさにはならない」

そんな言葉を聞いたことがないでしょうか。

確かにトップの資質が組織に及ぼす影響は絶大ですが、私はやり方次第で、会社を社長の器以上のサイズにすることはできる、と考えています。

そのためにまず見直すべきは、組織の体制です。上意下達の「**トップダウン方式**」では、会社は社長の能力以上のパフォーマンスを発揮しません。

42ページで紹介したように、経営者が社員の意見をどんどん吸い上げる「**ボトムアップ方式**」にすることで、社員それぞれが自分で考え、行動するようになり、やがて組織はトップの器以上の大きさになります。

🔍 事業承継は体制見直しの最大のチャンス

確かに、私もTOMAコンサルタンツグループの社長として、「国際部」や「ITコンサル部」を立ち上げたり、ヘルスケア事業や、事業承継のコンサルティングを自ら始めたりしました。

しかし、どれも**音頭取りをしただけ**で、走り始めれば、一流の専門家集団である社員たちに任せました。なにしろ、私の長所は「明るく・楽しく・元気に・前向き」ですから、現場の活力の源になることが第一なのです。

トップダウン方式で何でも「自分でやろう」という経営者は、仕事を抱え込みがちです。本来のトップの仕事というのは、これまで解説してきた**経営理念の確立と浸透**なのです。

トップに依存した組織は、理念の浸透がおろそかになり、「魚は頭から腐る（組織は上から腐敗する）」のことわざどおり、器が小さい社長が就いたときから衰退を始めてしまうのです。

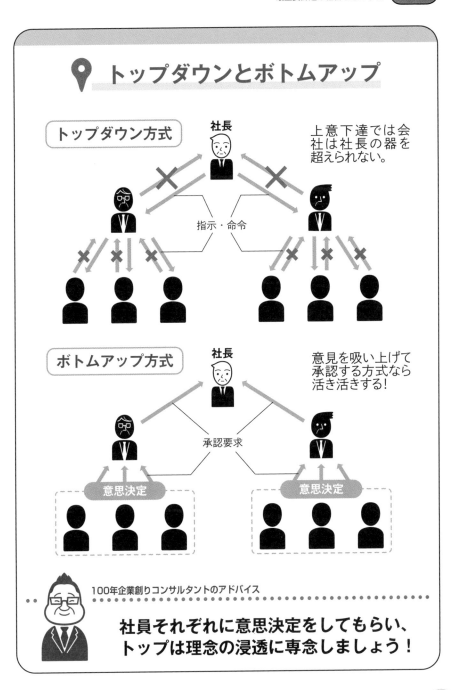

トップダウンとボトムアップ

トップダウン方式

社長

指示・命令

上意下達では会社は社長の器を超えられない。

ボトムアップ方式

社長

承認要求

意思決定　　意思決定

意見を吸い上げて承認する方式なら活き活きする!

100年企業創りコンサルタントのアドバイス

社員それぞれに意思決定をしてもらい、トップは理念の浸透に専念しましょう!

35 経営理念と家訓の役割の違い

家訓は「限定的」、経営理念は「普遍的」

🔍 道を踏み外さないための「家訓」

　一族経営の会社には、経営理念ではなく、家訓が言い伝えられていることがあります。家訓で多いのは「政治をするな」「投資をするな」といった禁止事項が定められているものです。

　なかでも有名なのが果物の販売で知られる、株式会社千疋屋総本店の家訓です。バブル時代、千疋屋の社長は、土地をたくさん保有していたため、儲け話がいくつも舞い込んできたそうです。

　しかし、千疋屋には「欲張ることなかれ」という家訓があったため、どの話も断りました。

　その結果、バブルがはじけても被害を受けずに済んだのでした。その社長はのちに東京日本橋地区再開発の一翼を担っています。

　また、海苔の製造で知られる株式会社山本海苔店にも、和綴じ本に墨で記した『諸事書留帳』という門外不出の家訓があり、「質素倹約に努めて華美にするな」「一族みな仲良くしろ」「投資をするな」などの戒めが書かれているそうです。

🔍 目標を指し示す「経営理念」

　このように家訓には、限られたシチュエーションで効果を発揮する「NGルール」が多いのです。

　危ない橋を渡ろうとしているときに、ブレーキになってくれるのですね。

　経営理念とは似ているようですが、経営理念は事業を通じて叶えたい思い、目標が書かれていますから、より普遍的といえます。

　もし会社が一族経営で、代々語り継がれている家訓のようなものがあったとしても、経営理念は別につくりましょう。

家訓と経営理念は似て非なるもの

100年企業創りコンサルタントのアドバイス

**家訓はいわば「NGルール」で、
経営理念は「目標地点」といえます。**

36 経営理念はブレーキ ビジョンはアクセル

ビジョンばかり追わず、常に理念に立ち戻る

🔍 経営理念とビジョンの関係

さきほど、家訓をブレーキに例えましたが、経営理念もまた、経営者にとって、ブレーキとして機能することがあります。なぜかというと、経営理念は「枠」だからです。「**この枠のなかでやりましょう**」というニュアンスが、経営理念にはあります。

経営理念がブレーキとすると、アクセルとなるのが企業における将来像を表した「**ビジョン**」です。車にブレーキとアクセルがあるように、どちらも大切なものです。

ビジョンからの距離は時とともに変わりますので、事業承継をしたならば、新社長が新しいものを掲げるべきでしょう。ただ、経営理念は引き継いできたものを守っていく。それが、理想的な会社だと私は思います。

🔍 経営理念という枠のなかでビジョンを目指す

経営者はどうしてもビジョンばかりを語りがちです。運転にしたって、ブレーキを踏むほうが楽しいという人は、なかなかいないはずです。

ただ、**経営理念をないがしろにしたところに、本当の意味での成長はあ**りません。TOMAコンサルタンツグループの場合、正式な経営理念は「『明るく・楽しく・元気に・前向き』なTOMAコンサルタンツグループは本物の一流専門家集団として社員・家族とお客様と共に 成長・発展し、共に 幸せになり、共に 地球に貢献します」です。

妙な拡張をしだすと、会社は衰退を始めますが、TOMAコンサルタンツグループの場合「**本物の一流専門家集団**」という枠があるので、勢いで飲食事業に乗り出すことはできないわけです。このように、事あるごとに経営理念を確認し、立ち戻ることが大切です。

一定の枠のなかで成長を目指す

ビジョン

会社を成長させるぞ!

社員をどんどん増やすぞ!

目指す企業像

企業の理想的な将来像を表すのが「ビジョン」。
車の運転でいえばアクセルにあたる。

経営理念

受け継がれてきた企業像

こっちにこれ以上進んじゃダメ!

理想としない企業像

「経営理念」には会社の経営方針に一定の枠を設ける機能がある。車の運転でいえばブレーキになる。

 100年企業創りコンサルタントのアドバイス

ビジョンに向かってアクセルを踏みつつ 常に理念から外れていないか確認を!

37 経営理念を頂点とする経営方針ピラミッド

日々の実践が経営理念を確たるものとする

🔍 経営理念を支えるのが「人財育成理念」

常に経営理念に立ち戻ることの大切さを解説しましたが、どう日々の実務に落とし込めば、組織に浸透するのでしょうか。参考になるのが、コンサルタントの世界でよく使われる「経営方針ピラミッド」です。

ここでは TOMA コンサルタンツグループのものを使って解説します。

企業経営に必要な要素をピラミッドに例えたもので、**具体性の高い日々の習慣**、社員信条といったものが、**抽象度の高いビジョン**、経営理念といったものを支える、という構図を表しています。

一番上にあるのが、もちろん「経営理念」で、その下に大切な社員を育てる際の「人財育成理念」を位置づけています。

ビジョンよりこれが上にあるのは、グループの社員ファースト（162ページ）の精神を表しています。

そして、ビジョンを支える各層の信条「代表者信条」「社員信条」が続き、すべてを支えるのが、「日々実践」です。

🔍 すべては「日々実践」へとつながる

「日々実践」はすべてが**具体的なアクション**です。

「『明るく・楽しく・元気に・前向き』な発言・行動をする」に始まり、「『ありがとう』『感謝します』を言い続ける」「報連相の徹底」「即時処理」「常に反省と感謝」など、いずれも、最上位の経営理念である「明るく・楽しく・元気に・前向き」を実現するための習慣になっています。

「ここまでやるのか」と思われたかもしれませんが、この経営ピラミッドをきちんとつくって共有できれば、現場に権限を移していっても理念との大きなズレは起きず、経営者が仕事を手放せるようになっていくのです。

下に向かって具体性が増していく

経営方針
ピラミッド

下に行けば行くほど、具体性が高くなっていくのが特徴。

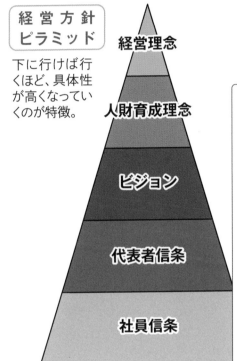

経営理念

人財育成理念

ビジョン

代表者信条

社員信条

日々実践

日々実践

1.『明るく・楽しく・元気に・前向き』な発言・行動をする

2.『ありがとう』『感謝します』を言い続ける

3. 報連相の徹底（常に報告・常に連絡・常に相談）

4. 即時処理（できない場合も必ず報連相）

5. 常に反省と感謝

6. サンキューレター送付や、メルマガ登録などにより、良い印象づくり、人脈づくり

 100年企業創りコンサルタントのアドバイス

経営方針ピラミッドを、組織全体で共有できれば経営者は仕事を手放せます。

まだまだある
経営理念浸透の工夫

簡潔な理念を形にして共有するクレドカード

お客様対応の心得をクレドに

　経営ピラミッドを共有し、日々の実践につなげるための工夫はまだまだあります。80ページで触れた朝礼もそのひとつです。

　TOMAコンサルタンツグループの場合は、お客様に向けた「お客様へのお約束15ヶ条」を作成して、週に1回、朝礼で1ヶ条ずつ共有しています。また、それをベースにしたクレドカードも作成しました。経営理念やビジョンは私が作成しましたが、こちらは社員に作成してもらいました。**具体的なところまで社長が作成してしまうと、形骸化しがちだからです。**

　また朝礼では、お客様からいただいたアンケートで、褒められた内容を口頭またはスクリーンで発表します。最後は司会者に、明るく楽しく元気に前向きになれるスピーチをしてもらい、締めくくるようにしています。ここでも「明るく・楽しく・元気に・前向き」の経営理念に立ち返ってもらう。それが朝礼の目的です。

社員の家族も大切に

　前項で紹介したように、TOMAコンサルタンツグループでは「人財育成理念」を掲げています。具体的には、「**社員・家族の幸せづくり優先がお客様の幸せづくりへの近道**」というものです。

　そのため、私は社員へ毎日、明るく・楽しく・元気に・前向きになれるようなメールを配信し、事業承継してグループの代表を務める市原和洋氏も、社員全員の誕生日に手書きの誕生日カードを渡し、本人の家族にもお礼状を送り、家族の誕生日にも花を贈っています。

　このようにトップが率先垂範して理念の浸透に汗をかくのが大切です。理念の浸透に「やり過ぎ」はないのです。

クレドカードを使った理念共有

クレドカードの一例 （TOMAコンサルタンツグループ）

1. 経営理念の実践
2. 明るく元気な対応
3. 法令順守の徹底
4. 業務報告書の作成
5. 即時処理と 24 時間以内レスポンス
6. カミナリカードによる情報共有
7. グループ総合力で課題解決
8. 正確な仕事
9. お客様の立場に立った回答
10. お客様の見本となる経営
11. 100 年企業の創造
12. お客様アンケートの実施
13. 機密情報の管理徹底
14. ありがとう経営の実践
15. 有益な情報提供
16. チャレンジ思考
17. 常に問題意識を持つ
18. チームで成果を獲得する
19. お客様のお役に立つことを喜びとする
20. 行動指針

 100年企業創りコンサルタントのアドバイス

カードにして常に持ち歩き、唱和することで日々実践できるようになります。

ニコニコカードで
顧客対応を向上

褒められた内容を共有する

🔍 褒められた内容を共有する

「人財育成理念」を体現する仕組みをもうひとつ紹介します。

さきほど、お客様からアンケートメールなどで褒められたら、朝礼で発表すると述べましたが、そのときに上司や社員にはピンク色の「ニコニコカード」を提出してもらいます。

このニコニコカードを提出できるように、日々のお客様対応を向上してもらうのが目的です。そして、朝礼で発表された社員には、現金で500円を贈呈（振込）しています。

社員の側は自然にやっているだけなのに、お客様が感動して褒めてくれることも少なくありません。それを全員で共有することで、お客様に寄り添った対応が徹底できると考えています。

🔍「お客様アンケート」も社員の褒めツールに

ただ、自分で褒められたことを報告するのは気が引けるのか、それほどニコニコカードは頻繁にはトップまで上がってきません。どちらかというと、本人ではなく、上司から部下についてのニコニコカードが上がってくることが多いです。

また、年に2回、「お客様アンケート」を実施していますが、これも社員を褒めるためのツールとなっています。自由記述欄で、お客様から褒められた担当者がいたら、この場合もニコニコカードを使って評価しています。

手前味噌になってしまいましたが、この取り組みをお客様にお話しすると、何十社も「我社も導入する！」と評判になったので、紹介させていただきました。

褒めツール「ニコニコカード」

	文書番号　記録（他）5：27.4.9
全ての誉められた事。やって感謝された事は、すぐ報告して下さい。	ニコニコ　カード　　　　　　TOMAグループ

目的は、① お客様の満足度の追及（CS）② 誉められた事例を聞き他社員も実践できる。（イメージアップ）
　　　　③ 維持・拡大の為の手法

お客様に喜んでもらったら、新規顧問先の紹介をお願いするチャンスです。
必ず新規顧問先紹介のお願いをしましょう。　　　　　　　　　　　平成　　年　　月　　日

記入者 （上司・話を聞いた同僚・本人いずれか）	所属		氏名	㊞
表彰者 （複数可）	所属		氏名	

発生日 平成　年　月　日 お客様名：

○内容

※ニコニコカード表彰者には、５００円の手当てが支給されます。

○所属長・上司コメント

② 本書類は発生日に記入し、翌日までに所属長又は主任のいずれかに報告してください。
②朝礼発表　有　の場合は翌週月曜日の朝礼にて発表してください。

所属長・副理事長	理事長	秘書	所属長・副理事長	担当者
→	朝礼発表　有・無 （本人が出席している朝礼）	→	コピーを取り表彰支給担当者へ渡す。	月　　日 朝礼発表	→	Pファイルへ保存

お客様に喜んで頂きました。担当者からお願いするチャンスです。
「お知り合いの社長様を紹介して下さい」と一言話して下さい。

・・・・・・・ **100年企業創りコンサルタントのアドバイス**

お客様目線でされた意外な評価を
共有することで全体の意識が高まります。

カミナリカードで
失敗を洗い出す

「ミスを怒らない」のが鉄則

🔍 隠ぺいが最も良くない

「ニコニコカード」がある一方で「**カミナリカード**」という取り組みもあります。これは、お客様からクレームがあったり、社内でミスが判明したりしたとき、迅速に提出するものです。

いわゆる始末書ですが、「**提出しても怒らない**」というのが特徴です。なぜなら人間、怒るとミスを隠すようになってしまうからです。ただし、期限までに提出がなかった場合は、ボーナスを減額します。

カミナリカードの目的は3つあります。まずは担当者だけではなく、トップもお客様に謝罪の気持ちを持つということ。2つ目がミスの原因を究明するということ。そして、3つ目が、二度と起こらない仕組みをつくるということです。

その目的を考えれば、社員のミスを怒ることは無意味です。本人はもう反省しているわけですから。ミスについては「隠ぺいが最も良くない」と本人に感じさせることが大事です。

🔍 お詫びと対応を迅速に

具体的には、カードを私が受け取ったら、担当者の謝罪に加えて、お詫び状を書き、私が署名してお送りします。同時に改善を指示して、それが確認されたら、承認のサインをする。こんなサイクルで使っていました。

本章では TOMA コンサルタンツグループの取り組みの紹介が多くなってしまいましたが、経営理念はつくって終わりなのではなく、**理念を確たるものとするピラミッド**と、それを支える社員の日々の実践が一体となって、初めて成立するものだと、おわかりいただけたかと思います。そして、経営側はその実践の助けとなるような仕組みを用意してあげましょう。

ミスを力に「カミナリカード」

カミナリ カード (クレーム処理・是正処置、予防処置)	文書番号 記録（他）3：24．3．7

カミナリカードは社内でクレーム対応の場合、理事長・副理事長に先に連絡のうえ、とどめます。(必ず前もって事前連絡をください)

今後、社内外・取引内のミスや誤ったことは隠蔽できることも隠さず全てカミナリカードを提出してください。1度カミナリカードを提出した人は、同じ間違いを2度としないでしょう。けれど、他の人は同じ間違いをします。それを防ぐためにもカミナリカードを提出して朝礼で周知する。それがTOMAの智慧「負に勝つ」考え方、自分は間違ったけど他の人は間違えないように、その考え方で負に勝って幸せをつかみましょう。

すべてのミス・クレーム（先方から指摘がなくとも）を記入し、当日又は翌日までに上司に提出して下さい。
目的は、① 顧客満足度の追及（CS） ② 他人の再発の防止（全員に、内容・改善方法の周知）　　TOMAグループ
③ 効率性の追求（ES）　　*(提出遅れは減給にします。)*　　　平成　年　月　日

新			
所　属：		氏　名：	印
発生日 平成　年　月　日	お客様名：		TEL / 携帯電話
	お客様の紹介先：		TEL

Ⓐ

【内　容】

【原　因】

【対　応】（処置内容）

他部署関係者への周知　　印　・　印	ヒューマンネットワーク紹介顧客である　　YES・NO

担当者	理事長	理事長指示　問題の区分：□メジャー　□マイナー　□③必要なし		秘書	担当者
	→	原則副理事長対応→理事長対応の必要性については副理事長が判断する。		→コピーをクレーム改善簿へファイル 後日、差換え	所属長関係者回覧しコピーを回す
所属長					
副理事長		★詫び状 送達（履歴写サイン付）　　あり・なし（連達1日内・持参3日内のこと） ★改善報告書（これがあれば完全不要）　あり・なし（連達1日内・持参3日内のこと）	ｺﾋﾟｰあり Pﾌｧｲﾙ行		

※本書類はミス発生日に上記　Ⓐ　を記入し、当日中に所属長又は主任のいずれかに報告してください。
（※理事長へも当日報告してください。（外出の場合で緊急もしくは重大な場合理事長と副理事長の携帯に入れること。）

Ⓑ

○処置結果報告・クレーム対応報告・反省点　（ミスを起こした本人及び幹部が記入）

○ 今後おこらないための是正・予防策　（ミスを起こした本人及び幹部が記入し、確認してから提出）
（具体的に改善された資料を提出するまで承認しません）

必要に応じて別紙・関係書類を追加のこと

○実施した活動のレビュー（経営会議にてレビュー）

①理事長指示を受けて対応後、Ⓑを記入し提出のこと。②朝礼発表　有　の場合は翌週月曜日の朝礼にて発表してください。

所属長・副理事長	理事長	秘書 番号	所属長・副理事長	担当者
→	→ 朝礼発表　有・無 スタッフ朝礼にて周知 必要・不要	→ コピーをクレーム改善簿へ差換え	月　日 朝礼発表	Pﾌｧｲﾙ保存

※実際は紙での運用を廃止し、クラウドシステムで運用している

100年企業創りコンサルタントのアドバイス

すべては経営理念を実現するための
社員の実践をサポートする取り組みです。

後継者に贈りたい！
永続企業を創るための言葉⑤

「ひとつ上の仕事をやれ」

（奥村綱雄）

この言葉は 44 ページでも紹介しました。

長く続いている企業には、必ずといっていいほど「中興の祖」というべき存在がいます。

野村證券におけるその人が、奥村綱雄です。京都帝国大学経済学部を卒業した奥村は、三井銀行、三菱銀行、山口銀行とことごとく就職活動に失敗します。そんななか、同期が内定辞退してくれたおかげでなんとか決まった就職先が、野村證券でした。

運命が変わったのは 1936 年で、奥村は社長の野村徳七によって満州国視察団メンバーに大抜擢されます。そこから、一目を置かれる存在となり、専務を経て、1948 年には、GHQ により公職追放された首脳陣に代わって社長の座に座ることになりました。

なぜ、奥村はそれほどの躍進を成し遂げられたのでしょうか。

冒頭の言葉に、その秘密が隠されています。

事業承継とは、まさにこの「ひとつ上の仕事」を意識することから始まります。

上のポジションを常に意識しておくことで、チャンスが到来したときに慌てずに済むのです。後継者のみならず社員全員に、繰り返し言って聞かせたい言葉です。

Chapter

6

承継後の
アフターフォロー

これまで述べてきたように、事業承継は引き継いで終わりではなく、その後のフォローが欠かせません。会長と社長、二人三脚で経営を確かなものとするコツをお教えします。

41 指示系統の一本化が派閥形成を防ぐ

情報ルートの統一がすべて

🔍 新社長がやりやすい環境を整える

　事業承継の形が見えてくると、会長（先代の社長）は肩の荷が下りたような気持ちになって、安堵感と少しの寂しさを覚えるものです。

　しかし、社長（後継者）にとってはこれからが大変です。会長は、承継後は「社長がいかに経営をやりやすくするか」に注力しましょう。

　最悪なのは、承継後も会長が経営の前面に出てしまい、社長がやりにくくなってしまうことです。

「事業なんて継ぐんじゃなかった……」と社長が後悔することのないよう、最大限の配慮が必要になってきます。

🔍 社員と直接のやりとりは禁止

　最初に会長が全社員に告げることがあります。

　それは「**報告事項がある場合、社員はまず社長に報告をすること。会長への直接報告は禁止**」ということです。これは必ず徹底させてください。

　ある報告事項について、別々の社員が社長と会長に同じ報告をしたとして、意図せずとも異なるニュアンスで伝わることがあります。

　これが繰り返されると、社長・会長間でトラブルが起きるようになり、派閥が生まれてしまいます。社員が「**社長派**」と「**会長派**」に分かれて、お互いをけん制し合うようになってしまいます。

　社員からの報告は、常に社長に一本化させること。そして、会長には社長が報告すること。例外はありません。指示系統の乱れは、組織の衰退の始まりだからです。一本化について、社長が言い出しては、それこそ角が立つことですから、会長が「現場から報告を受けないし、現場にも指示を出さない」と率先して宣言しましょう。

2本の情報経路をつくらない

会長が前に出てしまうと…

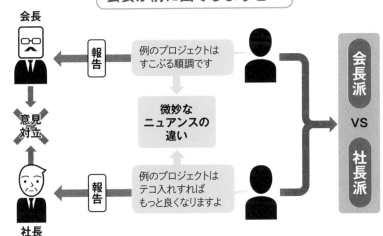

会長

報告 ← 例のプロジェクトは すこぶる順調です

微妙な
ニュアンスの
違い

意見
対立

報告 ← 例のプロジェクトは テコ入れすれば もっと良くなりますよ

社長

会長派 VS 社長派

会長は引き、社長が前に出れば…

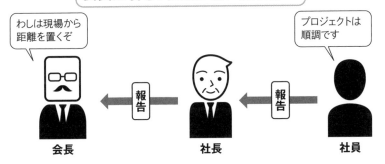

わしは現場から 距離を置くぞ

プロジェクトは 順調です

会長 ← 報告 ← 社長 ← 報告 ← 社員

 100年企業創りコンサルタントのアドバイス

最初は些細な行き違いでも、 繰り返されると大きな溝になります!

後継者を受け入れる
雰囲気のつくり方

口を出したくなってもグッと我慢

🔍 社員の面前での肯定的な評価が重要

　事業承継のあとに問題化しがちなのが、**新社長への批判**です。

　誰がするかおわかりでしょうか？　継がせた当人である会長です。

　当初こそ、みなの前で社長のことを持ち上げます。引き受けてくれた嬉しさ、負い目、潔く社長の座を譲った自分を評価してもらいたい気持ちもあって、盛んに褒めます。

　ところが、社長がリーダーシップを発揮し始めると、とたんに面白くなくなってきます。なぜなら新社長の仕事には、「**これまでの会社のやり方で悪かったところは見直すこと**」も含まれているからです。何もかもそれまでどおり進めるのであれば、トップが代わった意味がないわけですから、どんどん自分のカラーを打ち出していきます。

　社長時代の自分もやってきたことであり、それが正しいと会長自身も頭でわかっていても、自分の人生そのものを否定されたような気がしてしまい、ついつい苦言を呈したくなってきます。

　これは言うまでもなく、絶対にやってはいけません。グッと我慢して、**社員の前では新社長をとにかく褒めること**です。承継直後こそ、会長が率先して新社長を受け入れる雰囲気づくりに取り組みましょう。

🔍 後継者はみなと対話すること

　実は、後継者のほうにも心に留め置いてほしいことがあります。

　それは「**社員全員が新社長を快く受け入れてくれるわけではない**」ということ。その現実を踏まえたうえで、敵視してくる人とも対話を繰り返しましょう。後継者は、すべての社員をまとめていかなければなりません。

　譲る側は、そんなことも後継者に伝えてあげてください。

新社長のリーダーシップを邪魔しない

会社のトップが変われば、多かれ少なかれ、会社の問題点に手をつけ改善しようという動きが出てくる。

新社長のリーダーシップに口出しするのは「下の下」！

そんなときも新社長を肯定的に評価するのが会長の仕事！

100年企業創りコンサルタントのアドバイス

新社長を後押ししたいなら、社員の前ではとにかく褒めることです！

43 業績アップの重圧をかけない

ミーティングではあくまで理念の継承を

🔍 新社長は自分を追い込みがち

事業承継をしたあと、会長と社長、2人きりのミーティングの必要性は4章で述べたとおりですが、そのときに気をつけてほしいことがあります。

それは**会社の業績について社長にプレッシャーをかけないこと**です。

ただでさえ社長は「自分がトップになったことで業績を落としてはいけない」と自身を追い込みがちです。しかし、後を継いですぐに成果が数字に表れるほど経営は甘くありません。

そんなときにプレッシャーをかけられると、数字を追って経営理念から外れ、いびつな道に進みかねません。これは最も避けなければならないことです。

🔍 永続企業をどうつくっていくか

経営者が目指すのは「業績アップ」ではなく「永続企業をつくること」です。もちろん、そのためには売上も必要になりますが、順番を間違えてはいけません。

以前、100年以上続く老舗の社長に「**のれんとは何か**」と聞いたことがあります。

すると、こんな答えが返ってきました。

「その代の者が磨きをかけて、良い状態で次の代に渡すもの」

これこそ、まさに社長と会長が2人で話し合わなければならないことです。新社長には業績のことをあれこれ言うのではなく、ぜひ次のように言ってあげてください。

「あなたのミッションは、良い商品を作り、良いブランドをつくり、良い社員をつくり、良い社風をつくって、次の後継者に渡すことです」と。

業績アップは優先すべきでない

会長と新社長とのミーティングでは業績についてプレッシャーをかけがち。ただでさえ気負っている新社長にとっては非常に負担で、あらぬ道に会社を導きかねない。

良い商品とは…
良い社員とは…
良いブランドとは…
良い社風とは…

業績ではなく経営理念やビジョンなど「会社を永続させていくために何が必要なのか」を話し合う場とするのが正解。

100年企業創りコンサルタントのアドバイス

2人きりのミーティングでは、数字を追わず理念に磨きをかけましょう。

幹部社員の離脱は「事業承継あるある」

一喜一憂せず社長を励ます

🔍 幹部社員の退職は自然なこと

事業承継によってトップが代わると、必ずと言っていいほど起きることがあります。

それは、**幹部社員の退職**です。

ポジションが高い人ほど、先代の社長と近かったがゆえに、交代にショックを受けます。基本的に幹部社員は、先代の社長に高く評価されて、そのポジションに就いているからです。

「**自分を引き上げてくれた社長が代わるならば……**」と、幹部社員が別の道を選ぶのは、自然なことといえます。

🔍 変革のための大きなチャンスと捉えよう

そんなとき、新社長は非常に動揺してしまいます。

ただでさえ就任間もない時期で大変なのに、幹部社員の差配によってうまくいっていた現場を、再構築しなければならないわけですから。

ここで会長ができるのは、**後継者の不安を取り除くような声かけをして**あげることです。

どんな物事にもプラスの面と、マイナスの面とが必ずあります。

幹部社員の退職は、一時的には大きな戦力ダウンかもしれません。しかし、古参社員があまりに長く力を持ち過ぎるのもまた、考えものです。

実力者が辞めたときほど、組織の新陳代謝のチャンスと捉えましょう。

このように「何も悪いことばかりではない」と後継者を元気づけてあげてください。この現象は、事業承継に本当につきものなので、あらかじめ、「社長交代のときには、幹部社員が辞めやすい」と新社長に伝えておくと、いざというとき、後継者の動揺を最小限に抑えられるかもしれません。

幹部の退社は変革のチャンス

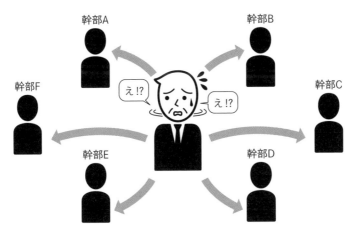

幹部A

幹部B

幹部F

え!?

え!?

幹部C

幹部E

幹部D

トップが交代すると、前社長に目をかけられていた幹部たちが会社を去るのは「事業承継あるある」。会長は新社長の人望が問題ではないことを説明し、フォローしなければならない。

新社長になると幹部社員が辞めやすいものなんだ

は、はぁ…

100年企業創りコンサルタントのアドバイス

承継に伴う幹部社員の退社はチャンスと捉えて社長を励ましましょう!

45 外部スタッフも 同時に代替わり

事業承継のタイミングが検討するチャンス

🔍 顧問税理士や公認会計士を若返らせる

幹部社員の退職は、むしろ変革のチャンス……さきほどそんな話をしましたが、**見直しのチャンスという意味では、外部スタッフも同様です。**

社員と違って、先方から事業承継を理由に「取引を見直したい」と言うことはまずないでしょうから、こちらで検討しなければなりません。

外部スタッフのなかでも、顧問税理士や公認会計士などは、財務・税務上のサポートだけではなく、経営面でのアドバイスをもらう関係になることも多いです。外部ブレーンとしてふさわしいか、**事業承継のタイミングは再考するチャンスです。**

🔍 外部スタッフの世代交代

検討する際のポイントとしては、まず**新社長との年齢の近さ**です。社長が若返れば、顧客の年齢も 10 歳若返るという定説があるくらいなので、同じ目線に立てるブレーンがいれば、変化していく市場にも対応できます。

また、おすすめできるのが**コンサルタント思考のある会計事務所**です。

会計事務所は経理の監査を手掛けているため、いろいろな企業の内部事情に精通していますし、第三者の目で企業を冷静に見つめてくれます。そういった、事例の蓄積からくる知恵と経験を持ったところを選びましょう。

さらに、経営理念の大切さは繰り返し説いてきたとおりですが、ブレーンとなる税理士事務所や会計士事務所の理念、ビジョンも忘れてはいけません。それなりの規模の事務所なら、中小企業と同じように運営しているはずなので、経営者として共感できるところにお願いしましょう。

ちなみに、TOMA コンサルタンツグループは、お客様の見本となる経営を心がけています。

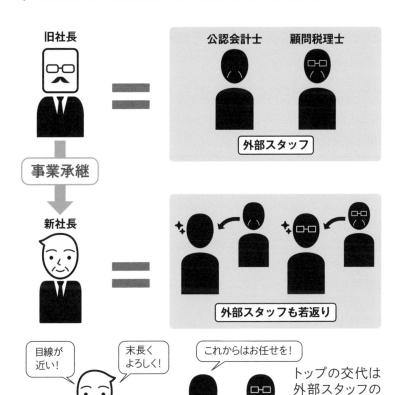

新社長と同じ目線の外部スタッフを

旧社長 **=** 公認会計士　顧問税理士
外部スタッフ

事業承継

新社長 **=** 外部スタッフも若返り

目線が近い！　末長くよろしく！　これからはお任せを！

トップの交代は外部スタッフの若返りのチャンス。新社長に近い年齢、目線の人材を探そう。

100年企業創りコンサルタントのアドバイス

社長が若返れば顧客も10歳若返る。同じ目線に立てる人を選びましょう。

株主総会とは別に ファミリー会議を

思わぬ揉め事を防ぐためにも必要

🔍 和やかな雰囲気づくりが大切

これは承継時のみならず、その前後にも注意してもらいたいことです。

会社の株主のなかに、経営に参画していない同族の株主がいる場合、株主総会とは別に、非公式な「**ファミリー会議**」を開催するとよいでしょう。

そこで経営状態について報告をするとともに、会社についての心配や不満があれば、吐き出してもらうこと。言い方は悪いですが、「**ガス抜きの機会をつくる**」ということです。

ただし、議論の場にすることは避けましょう。昼食や夕食をともにして、あくまでも和やかな雰囲気をつくるよう心がけます。一族以外の役員にも参加してもらってかまいません。

🔍 親族外承継のときこそ必須

事業承継前から、こうしたファミリー会議を習慣化することが大切です。

そうしておけば社長が代わったあとも、同族の株主から、後継者がバックアップを受けることができます。たとえ親族外承継であっても、ファミリー会議は継続するよう、後継者にアドバイスしましょう。

同族に関するトラブルの多くは「**自分が軽視されている**」と疎外感を抱くことから始まります。

心理学の世界でも、集団に所属している帰属感は人の幸福度を高める一方、疎外感を味わったときには著しい不安や失望感を与えることが知られています。

面倒に感じる人もいるかと思いますが、年に1回程度、こうした場を設けることで、より面倒なことが起きるのを防げると考えて、ぜひ実行してください。

ギスギスしがちな株主総会ではなく

株主総会

今期決算については…
売掛金については…
新人事については…
来期の事業計画については…

ファミリー会議

家族の近況は…
会社でこんな良いことが…

100年企業創りコンサルタントのアドバイス

同じ会社を形作る仲間として
一体感を持たせてあげましょう。

マイ・カンパニーより アワ・カンパニー

創業者一族の心理は特に複雑

🔍 ノイローゼになった創業者夫人

前項にてファミリー会議の開催の必要性を解説しましたが、より深く理解するために、同族株主の側の心理に触れておきます。

これは実際にあったことですが、とある企業の創業者が急死してしまい、後継者を決めなければならなくなりました。しかし、長男がまだ幼く、奥様も経営には不向きだということで、古参の社員が事業承継することになりました。

承継自体は非常にうまくいきました。もともと優秀な方だったので、会社の業績は上がり、社員の給与もアップ。言うことなしのようですが、なんと創業者の奥様が「2代目社長が会社の財産を奪っていく」と半ばノイローゼになってしまいました。

🔍 会社は社会と働くみんなのもの

これは、創業者の奥様が会社を「マイ・カンパニー」として捉えてしまった典型例といえるでしょう。もちろん、この認識が誤っていることは言うまでもありません。

企業は決して誰かの所有物ではなく、社会から借りているものであり、働く人全員のものです。このいわば「アワ・カンパニー」の精神を、同族株主にも持ってもらうことが大切なのです。

通常の事業承継では、先の事例のように、経営者が急死してから後継者を探すようなことはほとんどないわけですから、承継のアフターフォローとして会長が、ファミリー会議のような橋渡し役を担ってあげれば、同族の株主たちも「アワ・カンパニー」の精神でもって、会社の経営を見守ってくれることでしょう。

疎外感が誤った所有意識を持たせる

この会社は
ウチのものよ!

創業者

創業者の親族　新社長

事業承継後のコミュニケーションがうまくいかないと、同族株主が疎外感を覚えてトラブルが起きることがある。

アワ・カンパニー

よーし、
みんなで会社を
支えていくぞ!

時代に合わせて
生まれ変わらせるぞ!

会社は社会から借りているものであり、働く人全員のもの。
承継後のアフターフォローが万全なら、そう思ってもらえる。
会社は最後は株主のものだが、平時はみなのものと考える。

100年企業創りコンサルタントのアドバイス

日頃のコミュニケーションが、
アワ・カンパニーの精神を育みます。

一族の入社には ルールづくりを

どんなに多くても10％以内にとどめたい

🔍 「うちの子供の面倒を見てくれないか……？」

同族の話が続きます。事業承継を終え、新社長が就任してしばらく経つと、こんな話が舞い込むことがあります。

新社長の一族からの「うちの子供の面倒を見てくれないか……？」といった切なる依頼です。しかし、情にほだされて無条件に入社を許していくと、やがてとんでもないことになります。例えば、30人の中小企業で、20人が同族であれば、ほかの社員はやる気をなくしてしまいます。極端だと思われたかもしれませんが、意外にこのような企業は少なくありません。

事業承継を契機として、**一族の入社に関するルールを明文化**しましょう。

🔍 明確なルールがあれば突っぱねられる

ルールで定めるべきことは、まず**割合**です。比率としては5％までにしておいて、どんなに多くても10％以内には抑えましょう。

また注意しなければならないのが、親戚筋です。「あちらの親戚は入れてもらえたのに、こちらはダメ」となると、一族の不和につながります。「各家筋からそれぞれ1名のみしか入社させない」「長男の直系からしか入社できない」といった、**明確なルール**を決めておくことが必要です。大きい規模の会社ならば「一族は本社には入社させず、グループ会社に入社させる」というルールを設けているところもあります。

例えば、老舗和菓子店として知られる株式会社虎屋には、親族社員は社長の直系の子供ただひとり、という決まりがあります。

そして、いったんルールを決めたら、**例外は認めずに必ず守る**こと。熱心に頼まれても「ここに書かれていますので」と断る口実になります。ルールどおりに運用すれば、一族だらけになって混乱することはありません。

5〜10%が最大限度

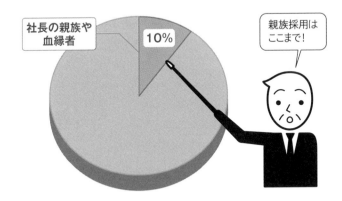

社長の親族や血縁者

10%

親族採用はここまで!

もし10%を超えると…

どうせ出世するのは血縁者でしょ

ならウチの子も採用してよ

やる気出ないよなあ

●一族入社のルール案●
・長男の直系からのみ入社可
・本社でなくグループ企業へ
・各家筋から1人のみ入社可
　　　　　　　　　…ほか

親族入社については明確なルールを設けないと歯止めがきかなくなり、他の社員たちのやる気が著しく低下してしまう!

 100年企業創りコンサルタントのアドバイス

明確なルールを先につくっておけば、泣きつかれても断ることができます。

49 二人三脚で 経営計画書を作る

引き継ぎ、フォロー間の大事な仕事

代表権はすぐに除かない

会長は社長のフォローを終えたら潔くリタイアすることになりますが、具体的に何をするかというと、会社法が定めるところの **「代表権」を取り除きます**。

代表権を取り除けば退職金がもらえるため、会長になるとすぐに代表権をなくしてしまう人がいますが、これはおすすめしません。

二人三脚でかからなければならない、大仕事があるからです。

それは引き継ぎとフォローの期間で作る **5～10年後の経営計画書**です。

経営計画書作成の工程

経営計画書には、経営方針、経営戦略、事業目標、財務計画などを **数年単位で記載します**。

頭のなかで済ませるのではなく、きちんと文書として残すことに意味があります。その経営計画書をもとに、コンサルタント思考の会計事務所に相談するなどしましょう。

そして、引き継ぎとフォローの期間にも、事業計画から外れたことがあれば、新社長から逐次報告を受けて、**経営計画書に反映させる**ようにしてください。そうすれば、慣れない社長が大きな失敗をすることなく、会長も安心して事業を任せられるようになるでしょう。

年単位の経営計画書が完成したら、今度は1年間の **月次経営行動計画書**を作成します。もし、目標どおりにいかなければ、改善点を確認し合って、早めに対策を打つのです。

その反省・改善会議の場としては、新社長と週1回行うミーティングの月初めの時期をあてるとよいでしょう。

経営計画書を磨き上げる

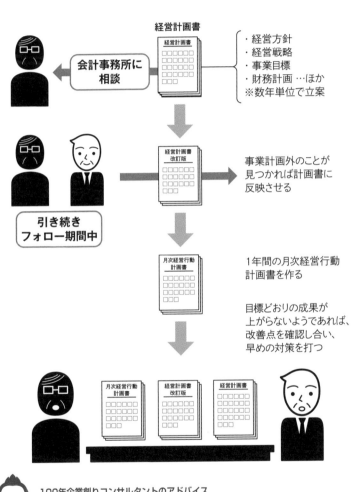

経営計画書

経営計画書

・経営方針
・経営戦略
・事業目標
・財務計画 …ほか
※数年単位で立案

会計事務所に
相談

経営計画書
改訂版

事業計画外のことが
見つかれば計画書に
反映させる

引き続き
フォロー期間中

月次経営行動
計画書

1年間の月次経営行動
計画書を作る

目標どおりの成果が
上がらないようであれば、
改善点を確認し合い、
早めの対策を打つ

月次経営行動
計画書

経営計画書
改訂版

経営計画書

100年企業創りコンサルタントのアドバイス

社長と会長、共同で行う最も重要な 仕事が、経営計画書の策定です！

会長職にあるのは
5年から10年の間

新社長もいずれは巣立つ

🔍 会長引退が事業承継の完成

　ここまで本章では、事業承継後のフォローについて解説してきました。

　新社長の顔を立てながら、さまざまな配慮をするのは苦労も多いですが、それこそが、退く人間にしかできない役割です。**経営者の最後にして、最大の仕事が事業承継**ですから、これまで培ってきた経験を、新社長にできるだけ伝えてあげてください。

　とはいえ、会長があまりに長く会社にいるのも考えものです。どれだけ理解のある会長だとしても、新社長にとって最も気を遣う相手に違いはありません。

🔍 5年で引き継ぎ、5年でフォロー

　私の場合は、4ページで書いたとおり、55歳のときに「**10年後に社長を譲る**」と宣言しました。

　ところで、引退宣言後、大きなクライアントから「これからも引き続き藤間さんの会計事務所に頼みたいけれど、藤間さんがいなくなるなら考え直したい」と言われ、衝撃を受けたことを覚えています。このように社長交代は大きな影響を及ぼすため、場合によっては引退の不安を払拭するため、事業承継前にさらに別途5年を費やしてもいいかもしれません。

　そして、5年かけて引き継いで、さらに5年をフォローの期間にあてました。第3章でさまざまな承継のスタイルを紹介しましたが、譲る相手が子供か、親族ではない社員か、社外の適任者かによって、会長が引退すべきタイミングに多少の違いはあります。ともあれ、**5年から10年**経営に携われば、新社長も失敗を繰り返しながら自信を深めるには十分な時間なので、会長としてはこのあたりで区切りをつけて身を引きましょう。

期限を設けて潔く身を引く

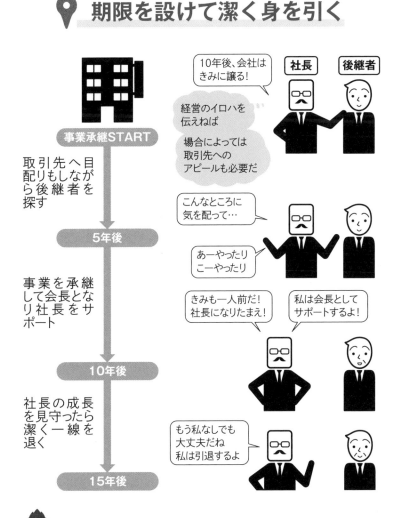

100年企業創りコンサルタントのアドバイス

**承継・フォロー、いずれも5年、10年単位。
早く始めないと間に合わないのです。**

後継者に贈りたい！
永続企業を創るための言葉⑥

**「恐れるべき競争相手とは、あなたを全く
　気にかけることなく自分のビジネスを
　常に向上させ続ける人間のことを言う」**

（ヘンリー・フォード）

　世界で初めて大衆向けの自動車を作ったとされる、アメリカのヘンリー・フォードは、1863年、デトロイト近郊のグリーンフィールドの農場に生まれました。

　自身は農業をする気はさらさらなく、16歳で学校を中退すると、エジソン電気照明会社で技師として働き始めます。

　その一方で、勤務後は、自宅の納屋でエンジンの試作を重ねるというハードな日々を送りました。そして、独力で原動機付き四輪車を発明してしまいます。37歳で電灯会社を辞職し、その後は自動車作りにひたすら打ち込むことになります。

　そして1903年、フォード・モーター社を設立。世界で初めて大衆向けに作られた「T型フォード」で、全世界でヒットを飛ばすことになります。

　そんなフォードが遺したのが、この言葉です。

　裏返せば、ライバル会社を気にかけることなく、自社の強みを磨く企業が生き残るということです。

　ライバル会社にない強みこそ、経営理念です。オンリーワン企業を目指して強みを磨きましょう。

Chapter **7**

事業承継成功の秘訣を老舗に学ぶ

ここまで事業承継の流れをひととおり見てきましたが、では日本を代表するような老舗企業は、どのような事業承継、経営をしてきたのでしょうか。実例とともにご紹介します。

51 老舗企業は
事業承継の大成功例

不変の極意の宝庫が老舗企業

🔍 老舗企業が「変えないもの」

　ここからは、「100年企業」を実現している日本の老舗企業の事業承継を紹介していきたいと思います。私はこれまで6度にわたり4社ずつ、計24社の100年以上存続している老舗の経営者の方々に声をかけて「100年企業サミット」を開催しており、そのときのお話も盛り込んでいます。

　次項からは企業別に紹介しますが、どの会社にも共通していたことがあります。それは**経営理念と社名をほとんど変えていない**ことです。

　老舗企業について研究した横澤利昌氏編著の『老舗企業の研究—100年企業に学ぶ伝統と革新』(生産性出版)に、老舗企業へのアンケートが紹介されていますが、そこでも半数以上の老舗企業が「経営理念(家訓など)」と「のれん(屋号・ブランド名)」を変えていない、としています。

🔍 老舗企業が「変えているもの」

　アンケートでは、逆に「変えているもの」も調査しています。その結果、8割以上の老舗企業が変えているのが「生産技術」「販売方法」「販売エリア」「顧客」「仕入先」「事業内容」「商品・サービス内容」などで、それらを「ほとんど変えていない」という会社は2割未満にとどまりました。

　事業承継で一番大切なのは「経営理念を引き継ぐこと」と何度も強調してきました。このアンケートの結果を見ても「**経営理念とのれんは変えずに守り抜き、事業内容や販売方法は時代に応じて変革させる**」、そんな企業が長く存続していることがわかります。

　私は職業柄、倒産する会社も多く見てきました。売上不振に陥り、経営者が守りに入ると、従業員は離れていきます。経営理念を受け継ぎながらも、事業に革新をもたらすリーダーこそが、会社を永続させるのです。

のれんと経営理念は不変

老舗企業が変えないもの

のれん
（企業名）

老舗

経営理念
＆家訓

日々
実践

代々受け継いだ「の
れん（企業名）」と、
同業他社にはない自
社だけの強みであり、
事業の枠を指し示す
「経営理念」は決して
変えず、堅持してい
く。

老舗企業が変えるもの

古い
販売方法

古い
生産技術

新しい
商品・サービス

新しい
販売方法

新しい
事業内容

新しい
仕入先

新しい
販売エリア

新しい
顧客

新しい
生産技術

「経営理念」を実現
するための手段であ
る生産技術、販売方
法、販売エリア、顧
客、仕入先、事業内
容、商品・サービス
内容といったものは
躊躇なく変えていく。

100年企業創りコンサルタントのアドバイス

経営理念を受け継ぎながらも、
変えるべきところは変えましょう。

52 老舗の成功事例①
株式会社 虎屋

「室町時代後期創業の和菓子屋」の事業承継

🔍 約500年続く超長寿企業

　株式会社虎屋は、老舗和菓子屋として5世紀にわたり続く超長寿企業です。室町時代後期に創業されて、これまでずっと事業を継ぐ人がいたということです。事業承継の成功例として、これ以上にふさわしい会社はないといえるでしょう。

　2020年6月、その虎屋は17代目の黒川光博氏が代表取締役社長を退任し会長に、ご子息の光晴氏が18代目の社長となりました。コロナ禍の最中における事業承継です。バトンタッチに際し、手紙をいただきました。

　会長のお手紙には「今回の新型コロナウイルス感染症拡大により、今までの常識が覆るほどに急速な変化が訪れ、新時代が始まろうとしている今こそ、若い力が必要だと感じ、社長交代しました」といったことが、書かれていました。**コロナ禍で、さらなる経営革新が必要と決断して、事業承継に至ったというわけですね。**

🔍 後継者の素晴らしいメッセージ

　また、後継者の光晴氏からのメッセージも添えられていました。
「幼い頃から今日の日を思い描きながら、さまざまな経験を積んできました。職人たちが菓子を作る姿を飽きることなく眺めていたのが昨日のことのように思い出されます」
　といった文章から始まる手紙に、私は思わず涙しました。
　虎屋の経営理念は「おいしい和菓子を喜んで召し上がっていただく」。
　手紙のなかでは、その経営理念を大切にしていきたい、とも書かれていました。譲る者と受け継ぐ者。両者の思いが一致した完璧な事業承継といえるでしょう。

激動の時代に承継を決断

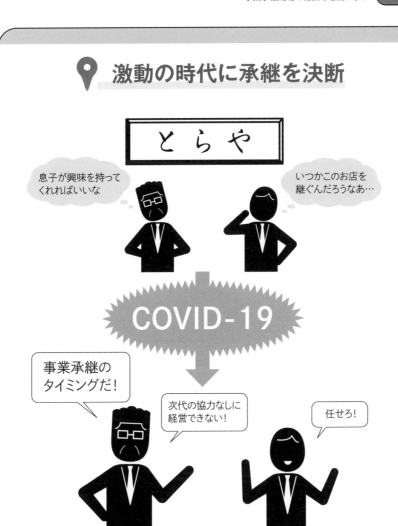

100年企業創りコンサルタントのアドバイス

経営革新を望む先代社長と、理念を理解する後継者。理想的なバトンタッチです！

53 老舗の成功事例②
株式会社 ういろう

後継者が背中で本気度を示す

🔍 45歳にして薬科大学へ

虎屋と同じく和菓子で知られている、株式会社ういろう。

創業は1368年。足利義満が室町幕府3代将軍になった年です。**6世紀以上にわたって脈々と事業が承継されてきたのは、驚くべきこと**です。

もともとは薬屋で、中国から渡来した陳延祐が始祖にあたり、彼が持参した家伝の丸薬が朝廷に珍重されます。2代目が薬の製造を始めると同時に、外国使節を接待するために、お菓子のういろうを創作したのが、和菓子作りの始まりです。

この経営多角化の方向性は、現代の商品展開にも参考になりそうです。

ういろうの事業は外郎家で代々引き継がれており、現社長の外郎藤右衛門氏は25代目にあたります。もともとは銀行員で、43歳のときに後継者として24代目から指名を受けました。

薬に精通していなかった彼は、一念発起して**45歳にして横浜薬科大学に入学**、なんと首席で卒業して薬剤師資格を取得しています。

🔍 社員に本気度を示す

一族経営の場合は、必ずしも社内の実績でトップに選ばれるわけではありません。だからこそ、**後継者は社員に本気度を示す**ことが重要です。

事業に直結する知識と資格を得るため、大学に通い日々努力する社長の姿を見れば、社員たちとの絆はいやが応にも深まります。

外郎家では、家訓などは掲示せず、**一族が行動で示す**ことになっているそうです。その率先垂範の精神が実践されたのが、25代社長の取り組みだといえるでしょう。逆に、オーナー感覚でどこか他人事のような社長は、社員から見放されてしまうと肝に銘じましょう。

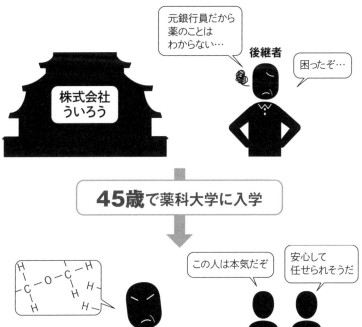

社員は後継者のここを見ている

株式会社
ういろう

元銀行員だから
薬のことは
わからない…

後継者

困ったぞ…

45歳で薬科大学に入学

この人は本気だぞ

安心して
任せられそうだ

100年企業創りコンサルタントのアドバイス

親族内承継の場合、後継者の本気度が社員の士気に直結します。

54 老舗の成功事例③ 株式会社 船橋屋

唯一の発酵和菓子を武器に商品展開

🔍 くず餅から数々のアイデアを

　2世紀以上にわたり、東京でくず餅を製造、販売しているのが、株式会社船橋屋です。船橋屋のくず餅の起源は、化政文化の花が開いた江戸時代の1805年。初代勘助の出身地が下総国（現在の千葉県北部〜茨城県の一部）の船橋だったことから「船橋屋」として亀戸天神参道に創業しました。くず餅が参拝客の間で評判となり、**江戸の名物のひとつに数えられる**までになったのです。現社長で8代目となる渡辺雅司氏はアイデアマンで、くず餅が和菓子で唯一の発酵食品で無添加でもあることに着目。「**カロリー控えめで美容にも良い**」とSNS等をフル活用したPRをして、新たな若い顧客を開拓することに成功しています。

　さらに、新発見したくず餅乳酸菌の特性を生かして、サプリメントや化粧品の開発を手掛けるなど、あくまでも「くず餅」を軸にして、多角的な商品開発にも取り組んでいます。経営理念「**くず餅ひと筋真っ直ぐに**」がしっかり受け継がれているからこそでしょう。

🔍 父は養子として事業承継

　渡辺雅司氏の父にあたる7代目の渡辺孝至氏は6代目から請われて、**養子に入って事業承継**をしています。後継者として、優秀な養子という選択肢も念頭に置くべき、という良い例だと思います。

　「平均気温が高い沖縄のほうが発酵に適している」と渡辺雅司氏が目をつけたのをきっかけとして、船橋屋は沖縄にも出店。就職先としての人気も高く、会社説明会にはピーク時に1万5000人も殺到したのだとか。経営理念を守りながらも革新を続けるからこそ、勝ち得た今日の地位といえるでしょう。

コアは変えずに多角展開

SNS活用

くず餅乳酸菌は
美容によい

SNS

カロリー控え目

サプリ開発

船橋屋
8代目社長は
アイデアマン

くず餅乳酸菌

沖縄まで進出

平均気温の高い沖縄は
発酵に適している

化粧品開発

100年企業創りコンサルタントのアドバイス

くず餅という伝統商品を、承継するごとに革新している老舗のお手本です！

55 老舗の成功事例④ 株式会社 千疋屋総本店

3つの経営理念と3つの家訓

🔍 「一客、二店、三己」の経営理念

株式会社千疋屋総本店は「水菓子の千疋屋」の代名詞とともに語られる**フルーツ専門店**です。贈答用として人気が高い、こだわりの高級マスクメロンが代名詞ですね。創業のきっかけは、槍術指南をしていた初代・大島弁蔵が、露天商で果物を売り始めたこと。槍術の道場が飢饉の影響で不振に陥ったことが、発端だったそうです。

そして1834年に葺屋町に「水菓子安うり処」の看板を掲げて創業し、果物と野菜などを販売。そこから代々引き継がれ、創業187年となります。

社是ならぬ「店是」と呼ぶ経営理念は「**一客、二店、三己**」。つまり、「**1番目に大切なのはお客様で、2番目は店、3番目に自分のことを考える**」ということです。6代目にあたる大島博社長は、就任後「ブランド・リヴァイタル・プロジェクト」を立ち上げ、ロゴマークから包装紙、容器、店舗内装に至るまで、すべてをコンセプトからつくり直し、新たに若い顧客を獲得しました。最も大切なお客様のために、店は革新するという、理念どおりの試みだったといえます。

🔍 家訓がバブルの崩壊から守る

千疋屋には「**勿奢、勿焦、勿欲張**」という家訓もあります。意味は「奢ることなかれ、焦ることなかれ、欲張ることなかれ」。この家訓のおかげで、千疋屋がバブルの狂乱と、その崩壊時のダメージから逃れられたことは、先述したとおりです。

6代目社長の大島博氏は、子供の頃から売れ残った果物を主食よりも食べていたとか。成功している老舗では、生活のなかで事業を身近に感じるという、理想的な後継者教育が行われているのですね。

📍 老舗を支える店是と家訓

店是

一客、二店、三己

家訓

匆奢、匆焦、匆欲張

一客
一番大切なのはお客様

匆奢
奢ることなかれ

二店
二番目に大切なのが店

匆焦
焦ることなかれ

三己
三番目が自分のこと

匆欲張
欲張ることなかれ

100年企業創りコンサルタントのアドバイス

枠としての理念、ブレーキとしての家訓を十二分に活用してきた187年です。

56 老舗の成功事例⑤
株式会社 新正堂

謝罪のお土産にぴったり「切腹最中」

🔍 娘婿による事業承継

新橋の老舗和菓子店、新正堂は、大正元年に創業したことが、社名の由来になっています。創業した場所は、田村右京太夫建顕という大名の屋敷跡。実はここ、『忠臣蔵』で知られる浅野内匠頭長矩が切腹した場所です。

そんな歴史的背景から生まれたのが、「切腹最中」です。和菓子は1日100個売れればヒットといわれるなかで、切腹最中は、日に数千個、最大で1万個以上も売れる大ヒット商品となりました。

考案したのは、現社長で3代目の渡辺仁久氏です。もともと渡辺氏は名古屋で兄とともに印刷所を継いでいました。ところが、妻の実家が和菓子屋をたたむというので、話を聞きに行くと「やってみないか」と誘われ、継ぐことになったのです。そこから渡辺氏は製菓学校に通って猛勉強。

当時の主力商品は豆大福でしたが、日持ちする最中に目をつけたのでした。「後継者候補には娘婿も検討すべき」という好例でしょう。

🔍 ヒットの秘密はネーミングのみにあらず

事業を承継して見事に大ヒットを飛ばした渡辺氏ですが、実は発売当初、切腹最中は売れなかったそうです。ところが、「サラリーマンがお詫びの品として持って行ったら、許してもらえた」という口コミが広まり、売れ行きが急増。それだけではなく、上あごにくっ付きにくいサクサクした皮の開発や、小豆の品質改良も功を奏しました。

ちなみに、仁久氏は、先代の「継いでくれ」ならぬ「つなげてくれ」という言い方が印象に残っており、長男にも同じ言葉を伝えていたそうです。そのおかげか、長男は高校生のときに初めて後継者となる決意をし、今では専務としてお菓子の製造を担い、後継者へと成長したそうです。

娘婿が承継し大ヒット商品が誕生

自信作！

忠臣蔵にあやかって
新商品を考案しました！

え〜…

縁起悪そうな
商品名…

切腹最中

新正堂 三代目社長

賛同が得られず、発表まで 2 年を要したが…

取引先へのお詫びの品に
持って行ったら許して
もらえたよ

切腹だもんね

商品名だけじゃなく
口にくっつかない皮を
開発したし、小豆も
改良したんだ

 100年企業創りコンサルタントのアドバイス

**見事なアイデア、最中への熱意…娘婿の
後継者もすすめる理由がここにあります。**

57 老舗の成功事例⑥
鈴廣かまぼこ 株式会社

変えるべきものは変え、変えてはならぬものは守れ

🔍 4代目が遺した言葉を社是に

「老舗にあって 老舗にあらず」。そんな一見、相反する2つのメッセージを社是としているのが、鈴廣かまぼこ株式会社です。

創業は1865年で、網元漁商の村田屋権右衛門が、副業としてかまぼこ製造を始めました。この頃、かまぼこは小田原宿や箱根温泉などの客に親しまれていて、参勤交代で立ち寄る大名や家臣たちも好んだといいます。

時代が明治に入って、戸籍法によって鈴木姓を名乗るようになると、3代目の鈴木廣吉のときに屋号を「鈴廣」として、現在に至っています。

平成に入ると、冒頭の社是が制定されます。「**伝統を大事にしろ、ただし革新をしろ**」という意味です。もともとは4代目が遺した言葉ですが、社是とすることで、社員への永続的なメッセージとしたのです。

🔍 かまぼこを極める

1996年に6代目で現社長の鈴木博晶氏が就任すると、その年にかまぼこ作りが体験できる「**かまぼこ博物館**」を開館。今では鈴廣かまぼこの本店などと一体となったテーマパーク「鈴廣かまぼこの里」として、年間100万人以上が訪れる、人気スポットになっています。老舗の座に安住せず、ブランドの強化・新顧客の獲得に余念がありません。

一方で、足元の軸はぶれていません。1999年にすべてのかまぼこ製品において、保存料の完全不使用化を実現。さらに「魚肉たんぱく研究所」を開設して技術開発と人材育成を強化。国家資格である「水産練り製品製造一級技能士」を数多く輩出しています。また、お魚たんぱくのスペシャリトとして、従来のかまぼこのジャンルを超えた新分野の商品開発と市場開拓も進めています。「**かまぼこを極める**」ことにゴールはありません。

短い社是に込められた思い

鈴廣は老舗にあって 老舗にあらず

意味

変えるべきものは勇気を以て変え、
変えてならぬものは頑固に守れ

4代目社長

平成に入り、社是となる

よし、**伝統を**
大切にするぞ！

革新もするぞ！

6代目鈴木社長

かまぼこ博物館

テーマパーク「鈴
廣かまぼこの里」
を年間100万人
以上が訪れる人気
スポットに発展さ
せた。

かまぼこを極める

すべてのかまぼこ
製品において、保
存料の完全不使
用化を実現し、研
究所を開設して技
術開発と人材育成
を強化した。

100年企業創りコンサルタントのアドバイス

理念に長さは関係ありません。たった12文字にすべてが詰まっていることも。

老舗の成功事例⑦ 石川酒造 株式会社

代々課された日記を書き記す義務

🔍 ビールの醸造にも挑戦

多摩の地酒、その名も「多満自慢」醸造元の石川酒造株式会社。

同社では、朝礼と会議の前に、必ず「**石川酒造は地域の誇りであり、自らの誇りである**」という社訓を読んでいるそうです。

1863 年、農業を営む石川和吉が、多摩川そばの小川村で、森田酒造の蔵を借りて酒造りを始めました。その 10 年前にはアメリカのマシュー・ペリー提督が浦賀に来航。世の混沌を見てとって、副業を始めることにしたそうです。

現社長は 18 代目当主の石川彌八郎氏で、1990 年に入社すると、ビールの醸造に挑戦します。実はかつて 1888 年にも挑戦していたのですが、そのときは失敗して大きな借金を背負うことになってしまいました。

石川酒造にとっては苦い思い出でしたが、クラフトビール「TOKYO BLUES」シリーズがヒットとなり、**見事にリベンジを果たします。**

🔍 代々受け継がれる日記

石川家には社訓のほかにも興味深いものが代々継承されています。

それは「**日記をつける習慣**」です。

製本された日記が何十冊と保管されており、「石川家の日記は徳川の時代から続いている。このために、石川家を継ぐ者は日記を記す義務を負わされているといっていい」と記されているそうです。「古きを言うな。人の悪を言うな。政治を言うな」「ぜいたくはするな。不自由はするな」などの戒めも書かれているそうです。

代々の日記を受け継いだ蔵元が、**100 年越しにビールでリベンジを果たした**というのは、感慨深いではありませんか。

理念ではなく習慣を承継

石川家には「日記をつける習慣」が代々継承されている。その数は何十冊にも及び、代々の当主からの戒めが記されているという。

 100年企業創りコンサルタントのアドバイス

代々課せられた日記をつける習慣が、自然と家訓の積み重ねになっています。

59 老舗の成功事例⑧ 株式会社 龍角散

のどの専門メーカーとして完全復活

🔍 秋田藩の御典医が創業者

のど薬で知られる株式会社龍角散は、会社としては 1871 年に創業されましたが、そのルーツは 200 年以上前にさかのぼります。秋田藩の御典医だった藤井玄淵が龍角散の原型を創製し、蘭学を学んだ 2 代目の玄信が改良。

そして 3 代目の正亭治は藩主・佐竹義堯の持病の喘息を治すために龍角散を改良し、現在の処方の基礎を確立したといいます。ちなみに現在の秋田県知事・佐竹敬久氏はその藩主の末裔であり、その縁から**龍角散のCM** に出演しています。

近代に入ると、全国的なヒット商品に成長した龍角散のアジア展開を実現させ、1963 年に社長に就任した、7 代目の藤井康男氏のときに社名を「株式会社龍角散」としました。

そこから 8 代目の現社長・藤井隆太氏に事業承継がなされるのですが、社長就任時は大変だったようです。彼は桐朋学園大学音楽学部を卒業してプロのフルート奏者への道を歩んでいましたが、父のすすめで小林製薬や三菱化成工業で修行を積み、1994 年に龍角散に入社しました。

ところが、翌年に社長就任が控えるなかで、なんと**年商を超す負債**が発覚します。古参役員任せの放漫経営がたたったのです。

ここで 8 代目は事業承継を機に思い切った手を打ちます。

徹底した「**選択と集中**」です。胃腸薬や風邪薬など市場が大きい分野には目もくれず、「のどの専門メーカー」として本来の龍角散ブランドを生かすことに注力して、再生に成功しました。

「服薬補助ゼリー」もヒットし、就任時の 5 倍の売上になりました。ここまで大きな経営改革を行えたのも事業承継直後だったからでしょう。

承継を機に本来の道へ

負債 > 年商

どうすべき？

選択と集中

龍角散ブランドに注力して「のどの専門メーカー」としてオンリーワンを実現。

こっちだ！

多角化経営

不採算部門を大胆にカットし、市場規模の大きい風邪薬や胃腸薬といった分野にはあえて参戦せず。

龍角散ブランドの商品多角化に着手。社長直轄チームのもと、顆粒タイプの「龍角散ダイレクトスティック」や龍角散のハーブパウダーを飴に練り込んだ「龍角散ののどすっきり飴」が開発され大ヒット！

 100年企業創りコンサルタントのアドバイス

事業承継は会社本来のブランド価値を見つめ直す貴重なチャンスでもあります。

老舗の成功事例⑨
株式会社 にんべん

3世紀以上の歴史を誇る水産加工品メーカー

🔍 経営理念が込められた印

「つゆの素」や鰹節削り節「フレッシュパック」などの商品で知られる、株式会社にんべん。初代の高津伊兵衛（幼名は伊之助）は12歳のときに江戸の雑穀商へ奉公に出ました。20歳で独立し、日本橋のたもとで戸板を並べ、鰹節と塩干類の商いを始めました。

ユニークな社名には由来があります。伊兵衛は店の屋号を「**伊勢屋伊兵衛**」とし、のれん印に「伊勢屋」と「伊兵衛」から「イ（にんべん）」をとって、商売の堅実さ表す金尺（金属製の材木の長さなどを測る工具）の「┐（かね）」を合わせて「イ┐（かねにんべん）」としました。すると、江戸っ子たちは親しみを込めて、伊勢家を「**にんべん**」と呼ぶようになり、戦後の1948年からは社名となったのでした。

特筆すべきは1830年ごろの6代目で、銀製の薄板で作られた「預かり証」を発行しています。ここに刻んである金額分の買い物がにんべんでできました。いわゆる「商品券」ですが、にんべんは**国内で初めてこれを市中に広く流通させる**ことに成功しました。

実はこの6代目、5代目が襲名4カ月で急逝したために、急きょ跡を継いだ奉公人で、いわば**親族外承継**でした。

同社は、「顧客の立場になって仕事をする（**顧客の利益**）」、「社員の生活向上に努力する（**社員の利益**）」、「わが社の成長と安定に全力をつくす（**わが社の利益**）」の「**3つの利益**」が常に一致する経営を行うことで、広く社会に奉仕すること、を基本理念としています。元となる考え方は「ミツカネにんべん」として江戸時代から持ち続けており、よく見ると3つの「にんべん」が円を成しています。老舗企業が共通して大切にする「ブランド（社名）」と「経営理念」の2つが、印に込められているのですね。

印としてブランドを継承

初代・髙津伊兵衛が日本橋のたもとで
戸板を並べて商いを始めたのが創業。

社名の由来

商売の堅実さ
を表す金尺と
伊勢屋の「イ」

お客様

商いする人　　創る人

「ミツカネにんべん」とし
て、ブランドと経営理念
の考え方が一体となっ
た印に！

・鰹節を使うお客様
・鰹節を創る人
・鰹節の商いする人
この3つの信頼関係ができた
ときに商売をさせていただける
という考えを大切にしている。

100年企業創りコンサルタントのアドバイス

経営理念が印に込められているユニークな例ですね。

61 老舗の成功事例⑩ 株式会社 駒形どぜう

度重なる災難をくぐり抜け江戸の味をつなぐ

🔍 奉公を条件に承継した6代目

浅草の「どじょう鍋」で有名な株式会社駒形どぜうは、1801年の創業。なんと徳川11代将軍家斉の時代です。初代の越後屋助七が武蔵国（現在の埼玉県）から江戸に出てきて、浅草駒形にめし屋を開いたのが始まりです。越後屋というのは、助七が奉公したお店の主人が越後国（現在の新潟県）出身だったので、**お世話になった感謝の気持ち**から屋号にしたのだそうです。

「関東大震災」や「東京大空襲」などもくぐり抜け、江戸の味をつないできた駒形どぜうですが、6代目渡辺孝之氏のときに最大の危機が訪れます。

そもそも、孝之氏は次男だったことから、後継者のことは頭になかったそうですが、跡継ぎのはずの兄が石油会社に就職を決めたことから、急きょ事業承継の必要に迫られることに。

孝之氏は「**外に奉公に出してほしい**」という条件付きで承諾しました。「**家にずっといたら、その世界しか知らない人間になってしまいそうで、嫌だった**」という危機感がそうさせたのです。3年は帰らないと決意していた孝之氏でしたが、5代目が体調を崩し、1年半で戻ることに。

🔍 高度成長期に最大の危機

奉公から戻ってきた孝之氏に父が告げます。「**売るどじょうがない**」。

時は高度成長期、稲を増産するために、田んぼに農薬を散布したことでどじょうがいなくなってしまったのです。孝之氏は父の猛反対を押し切って単身海外に飛び、2年ほどかけて無農薬のどじょうを輸入する仕組みをつくりました。のちに養殖にも成功し、渋谷にも出店。**激動の時代を乗り切れたのは、奉公先での経験が大きかった**そうです。

外部への奉公がのちに助けとなった

外の世界も知って
おかなくちゃ！

奉公に出よう！

**6代目社長
渡辺孝之氏**

1年半後、駒形どぜうに就職

どじょう不足危機

奉公での経験があった
から乗り越えられた！

**海外からの
輸入を実現**

養殖に成功

 100年企業創りコンサルタントのアドバイス

どんなに優れた老舗の後継者でも、
一度は修行に出なければなりません。

後継者に贈りたい！
永続企業を創るための言葉⑦

「時勢の急激な変化に対処するには
動的安定しかない」

（鹿島守之助）

　事業承継で最初にして最大のハードルが「後継者を誰にするのか」ということですが、鹿島守之助はひょんなことから、鹿島建設の社長を継ぐことになった人物です。

　兵庫県の豪農の家に生まれた鹿島守之助は、東京帝国大学法学部卒業後、外務省へ入省します。外務大臣を目標にして、ドイツやイタリアの日本大使館で外交官として勤務していました。ところが、ヨーロッパへの船上で鹿島組組長・鹿島精一に惚れ込まれてしまい、熱心な説得に心を動かされ、娘婿となって鹿島組（現・鹿島建設）に入社を決意。官僚から実業家へと鮮やかな転身を見せたのです。

　2年後には社長となった守之助は、業界を牽引する総合建築会社へと、鹿島建設を発展させています。

　その守之助が遺したのがこの言葉です。

　第7章で紹介した老舗企業群にもいえることですが、会社を変わらず繁栄させるためには、時代に応じて変わっていかなければなりません。

　守之助は、この言葉どおりに、伝統を受け継ぎながらも、科学的な施工技術を巧みに導入しました。まさに「伝統」と「革新」を体現したといえるでしょう。

Chapter **8**

100年企業を創る
10個のヒント

本章では締めくくりに、これから事業承継する経営者、される後継者に向けたエールとして、令和の時代に100年企業を創るための、私なりのヒントを10個伝授します。

これからは
成長より継続の時代

すでにある強みを最大化するしかない

🔍 5割経済の時代がやってくる

日本経済全体を俯瞰して考えますと、残念ながら少子高齢化は進み、人口は減少の一途をたどります。

現実的に目指すべきは「成長より継続」となってくるでしょう。

特にこの先10年は「5割経済」くらいに考えるべきで、景気が前年よりも常に下回る、そんな時代が続くと覚悟しておきましょう。

とすれば、経営者が今やるべきことは、本業から離れた新事業に手を出すことではなく、既存の強みを深める試みです。もちろん、その先に新事業があるのであれば、むしろ望ましいことです。その場合は、**フローではなく、ストック型のビジネス**に注力して、継続的な収益を意識しましょう。

🔍 老舗洋菓子店のガーデンづくり

北海道に「六花亭」という老舗洋菓子店さんがあります。名物の「マルセイバターサンド」は、誰しも一度は口にしたことがあるでしょう。

六花亭は、2007年に画期的なプロジェクトを実現させています。ヒントになったのは、六花亭の代名詞といえる花柄の包装紙です。そこには、山岳画家の坂本直行氏による北海道の山野草のイラストがちりばめられていて、女性を中心に評判になっていました。

六花亭はこのイメージをコーポレート・アイデンティティ（企業の個性・特徴を明示し、イメージの統一を図るための戦略）の核に据え、ファンとの関係性の成熟を狙いました。そして、まさに包装紙に描かれているような、草花でいっぱいのガーデン「六花の森」をオープンさせたのです。

BtoC企業には特にいえることですが、今はこのように**会社の強みを継続的に発揮できる工夫**をする、転換期といえるでしょう。

フローからストックへ

フロービジネス

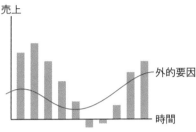

売上 / 外的要因 / 時間

顧客との一度きりの取引を繰り返すビジネス。外的要因に左右されやすい。

ストックビジネス

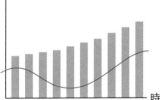

売上 / 時間

顧客との接触を保ち続け長期間にわたり収益をあげることができるビジネス。

六花亭の場合

ただ洋菓子を売り続けるだけならフロービジネスだが…

包装紙に描かれた森を具現化してファンと接触し続ける

100年企業創りコンサルタントのアドバイス

既存の強みを生かして、継続的な利用、定期的な収入を得るようにしましょう。

63 単品ビジネスから脱却しよう

足元のビジネスに付加価値をつけていく

🔍 脈絡のない新事業には注意

「成長より継続」を考えたとき、前項の六花亭の例でわかるとおり、新事業にはおのずとストーリーが求められることになります。

「今まで、こうした事業をやってきたからこそ、今度はこんなことに挑戦します！」と、企業の物語を描けなければ、会社の歴史を未来へと伸ばしていけません。

そのため、これからの経営者は「単品ビジネス」から脱却する必要があります。メーカーでいえば、売上不振をカバーしようと、一発逆転のヒット商品を目指すのではなく、現在の主力商品から新たな展開を考えるということです。

🔍 流行を追わずに発想を変える

私が見聞きしたなかで興味深かったのは、とある鰻の卸会社の試みです。通販でお土産用に販売するほか、飲食業を展開して鰻を食べてもらおうというのです。つまり、**鰻単品ではなく、鰻を活用して事業を拡張する方法**を模索したのです。さらに発想を広げて、排煙ダクトの会社をM&Aで手に入れたそうです。鰻を焼くと煙が出るために、そこに着目したのですね。

目下の不況で、どうしても売上は落ちていますから、経営者は「何か儲かる事業を」と考えがちです。しかし、流行を追った事業は、流行り廃りに左右されてあっという間に時代遅れになるので、さらなる売上不振を招きかねません。

例えば、**今は単品で販売しているものに、付加価値をつけられないか？**

そんな疑問から新事業が生まれることもあります。その点、「鰻を焼くときの煙をどうにかしたい！」という先述の着眼点は参考になります。

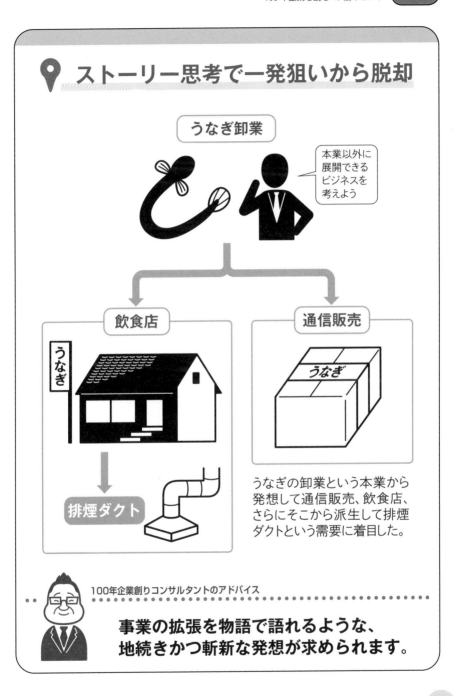

ストーリー思考で一発狙いから脱却

うなぎ卸業

本業以外に展開できるビジネスを考えよう

飲食店

うなぎ

排煙ダクト

通信販売

うなぎ

うなぎの卸業という本業から発想して通信販売、飲食店、さらにそこから派生して排煙ダクトという需要に着目した。

100年企業創りコンサルタントのアドバイス

事業の拡張を物語で語れるような、地続きかつ斬新な発想が求められます。

64 誰でも見通せる 簡単な未来もある

そう変わらない長期トレンドを読む

「先見の明」の正体

よく「経営者には先見の明が求められる」といわれます。

なんだか予言者のような役割を期待されているようですが、実は簡単なことで「誰にでもわかる未来」に備えられればよいのです。

私が述べた「国内市場の収縮」もそのひとつです。人口減少のトレンドを見れば、これがそうそう改善されないであろうことは、ちょっと考えればわかる、確度の高い「未来」です。

だから「成長より継続を」と訴えているわけですが、一方で右肩上がりに成長する「未来」を描けるのが世界という市場です。かつては外国相手のビジネスはハードルが高いものでした。

ところが今はインターネットがあります。ECサイトを立ち上げるのにコストはかかりますが、**海外のビジネスが現在ほどやりやすい時代もない**でしょう。

コロナ禍をチャンスに

ブランド品の買い取りや査定で知られる一風騎士ホールディングスの「銀蔵」は、早くからECサイトに着目した企業のひとつです。国内では、日本人から買ったバッグなどのブランド品を、海外からの観光客に向けて販売していました。

ところが、新型コロナウイルス感染症拡大の影響を受けて、**インバウンド需要は壊滅**、売上は減少の一途をたどったといいます。しかし、ECサイトを活用した海外との**オンラインビジネスに活路**を見出し、今期の黒字を達成しました。その会社ならではの「誰にでも見通せる未来」への確実な一手があるはずです。

ほぼ100%的中する予言

市場の予測は難しい…

占い師のように市場の未来を言い当てることはできないが…

国内市場の収縮は確実!!

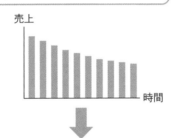

売上

時間

海外市場に向けECサイトを開始

ECサイト

 100年企業創りコンサルタントのアドバイス

難しく考えず確度の高い「未来予想図」に向けた投資を考えましょう！

65 会社の欠陥は
裏返せば宝となる

伝説の経営者師弟の会話から

🔍 欠点のない人も会社もない

「100年企業」を目指して事業を承継していくには、何度か経営的な危機を乗り越えていかねばならないでしょう。**何せ、経営を続けているうちに、いくらでも欠陥が出てくるのが会社組織です。**

現在、パナソニックの終身役員で「伝説の経営者」といわれる木野親之氏という人物がいます。彼は、かつて37歳にして、数十億円の赤字を垂れ流していた東方電機（のちの松下電送）に、松下幸之助氏の名代として送り込まれ、代表取締役となります。

頭を抱える木野氏に、松下幸之助氏は、こんな言葉をかけたそうです。「欠陥のない人、欠陥のない会社はない。みんな欠陥だらけや。だから人生は面白い。**欠陥は宝やで。**それを解決するために、人間は生まれてきたんやから」

🔍 捉え方ひとつで変わる

至言ですが、当の本人はポジティブに捉えられないものです。木野氏はなおも「再建は難しい」と言って、紙3枚分もある、会社の欠点が書かれた文書を幸之助に見せたそうです。

すると、幸之助はさらにこう言葉を重ねました。**「君なあ、これ一つひとつ解決すれば、全部会社の財産に変わるんやで。欠陥は宝や」**

問題点があるということは、それだけポテンシャルがあるということ。木野氏は財政的な支援を得ることなく、3年で黒字を達成し、以来20年の間、社長職にあって松下電送を世界一のファクシミリ専門メーカーに育てあげます。欠陥も捉え方ひとつと覚えておきましょう。

松下幸之助の至言

この会社、問題点が
こんなにあるんですよ

再建会社　　　木野親之氏　　　松下幸之助氏

数十億円の赤字を垂れ流していた東方電機（のちの松下電送）に送り込まれた木野氏は問題点が書かれたリストを見せた…

ひとつひとつ解決すれば、
全部会社の財産に変わるんやで。

欠陥は宝や

「問題点がある」ということは「潜在力がある」ことの裏返し。木野氏は財政的な支援を受けることなく黒字化を達成し、世界一のファクシミリメーカーにした！

100年企業創りコンサルタントのアドバイス

会社の欠陥を嘆くのではなく、そこに秘められた潜在力に着目しましょう！

66 紙が一枚あれば
次の一手が見えてくる

ひと目でわかる課題の潰し方

🔍 課題を4つに分類するだけ

　では経営上の課題はどう潰していくべきなのでしょう。まずは、右のような「緊急度×重要度マトリックス」を使い、業務を整理しましょう。

　このマトリックスでは、縦軸に緊急度を、横軸に重要度を置きます。

　つまり上方にいくほど「緊急度」の高いものとなり、右にいくほど「重要度」が高いものとなります。

　Aの「緊急度も重要度も高い業務」は、日々の業務に追われるなかで達成することでしょう。クレームの処理や納期のある仕事が良い例です。

　問題となるのは、Bの「重要度は高いけれども緊急度が低い業務」です。ここが、会社の成長のための種まきだったり、事業承継のための取り組みだったりします。新卒採用、幹部教育などもBに属します。

　いずれも期限がないうえに、時間がかかるので、放置するうちにどんどん腰が重くなってしまうのです。

　しかし、長い目で見たときには、ここが会社の未来を左右します。社長はここに割り振られたものを解決するのが仕事だと思ってください。

🔍 「仕事のための仕事」をしない

　気をつけなくてはいけないのが、社長がCの「重要度は低いが緊急度が高い業務」やDの「重要度も緊急度も低い業務」に追われていないかということです。こういうものはたいてい「仕事のための仕事」です。

　中小企業やベンチャーでは社長がバイタリティにあふれているがゆえに、CやDばかり引き受けて、パンク状態になっていることがあります。

　つまり、Aは黙っていても達成されるので横に除け、思い切ってCやDは社員に任せ、Bにこそ全力を傾けるつもりでやってみましょう。

緊急度×重要度マトリックスを使う

緊急度高い
今日からやらないといけない

成長しない会社

成長しない会社

とりあえずここ
から着手するか
急ですからね
C

もう納期まで
時間がない！
急ぎます！
A

重要度低い

重要度高い

成長しない会社

成長し続ける会社

毎日雑務に追われ
ている気がする…
ほんとですね
D

将来のために
手を打とう！
備えあれば
憂いなし！
B

緊急度低い
今日でなくてもいいが、
いつかやらないといけない

もっとも重視すべき
は後回しにされがち
なBの範囲の仕事！

100年企業創りコンサルタントのアドバイス

最も時間と労力を注ぐべきは、「重要度は高いが緊急性が低い業務」！

社長の考え方次第で会社の業績は変わる

企業の命運を分ける社長の差

🔍 理念、ビジョンなき会社に未来はない

これまで数多くの会社のコンサルティングをしてきて、業績の良い会社と良くない会社では、社長の「**考え方**」に大きな差があることに気づきました。

まず業績の良い会社の社長は、「**高い目標**」があり、事業に「**ビジョン**」を持ち、明確な「**理念**」があります。一方、業績が良くない会社の社長は、「**現状維持**」にこだわりがちです。誤解してほしくないのは、無茶な売上目標を立てて社員に呆れられるのは、業績が良くない会社の社長のほうです。

現状維持にこだわるあまり、数字だけを追ってしまうのですね。目標にビジョンや経営理念が伴っていれば、多少そのハードルが高くても、社員はついてきてくれるものです。もっとも、「**社長自身も苦労をいとわない**」という前提条件が付きます。

🔍 秘密主義で独裁的が最も深刻

また業績の良い会社では、社長が112ページでも触れた「**アワ・カンパニー**」の精神で社員の幸せを重視するのに対し、業績が良くない会社は「**マイ・カンパニー**」と捉えて、自分や顧客の幸せを優先させます。顧客の幸せを追求するのは大事ですが、社員の幸せをないがしろにすると、組織はたちまち疲弊してしまいます。

さらに、業績の良い会社は、社員を信じて任せて、「**オープンな経営**」を心がけています。逆に業績が良くない会社は、社員を信じられないので、「**秘密主義**」で、「**独裁的な経営**」をしてしまいがちです。後者になると、これまで挙げてきたような過ちを幹部に指摘してもらえず「**裸の王様**」となってしまうので、とりわけ深刻です。

業績の良い会社、悪い会社の違い

**理念に基づく
高いビジョン**

めざせ！

業績の良い会社

・高い目標を持つ
・ビジョンと理念がある
・社長が率先して動く
・アワ・カンパニーの精神を持つ
・オープンな経営を心がけている

現状維持

売上を落とすな！

業績の悪い会社

・現状維持にこだわりがち
・数字しか頭にない
・社長が率先して動かない
・マイ・カンパニーの精神を持つ
・秘密主義・独裁的な経営スタイル

100年企業創りコンサルタントのアドバイス

業績が良くない会社の特徴に当てはまっていないか、確認してください。

68 社長は財務・税務に強くなるべし

難しそうに見えて、一番簡単なこと

🔍 イエスマンの経理は倒産パターン

　業績が良くない会社の社長の、典型的な考え方について解説しましたが、さらにその先にある、倒産する会社にも実は黄金パターンがあります。

　それは「財務に弱い社長とイエスマンの経理」です。

　実際、中小企業の経営者に、自社の業績や資金繰りについて尋ねてみると「経理担当者に聞いてみないと、ちょっと……」「会計事務所に任せてあるから」と答える社長が意外に多いのです。

　しかし、家庭を例にとると、家計簿をつけず、財布の中身も知らないで、買い物に行くでしょうか？　給与明細や預金残高も見ずに、子供の教育費を考えられるでしょうか？　社長であれば、財務と経理はしっかり把握しておきましょう。

　一流の経営者ほど会計に強いものです。例えば京セラ創業者の稲森和夫氏。京セラでは、アメーバ経営（組織を独立採算で運営する小集団に分ける全社員参加型の経営）の一環として、最小単位の「日次」で決算を行っています。

🔍 社長自身も簿記2級程度は取得する

　日次決算までは導入せずとも、貸借対照表や損益計算書、キャッシュ・フロー計算書くらいは理解できるようになりましょう。

　1年も数字を眺めていればわかるようになるでしょう。銀行に融資を求める際にも、財務分析数値の開示は必要不可欠です。

　32ページで、親族内承継を考えている後継者を、経理部を含む各部門に1年は配属するプランを紹介したのも、それが理由です。最低限、簿記2級くらいは取得させ、財務・税務に強い後継者を育てましょう。

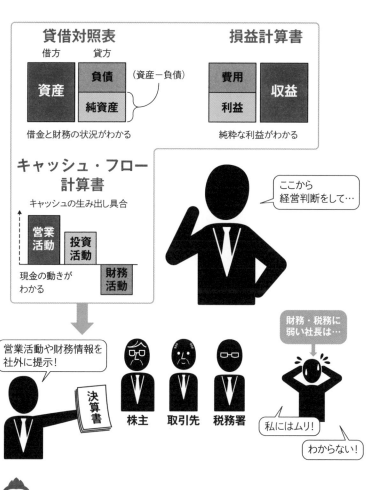

この3つくらいは把握したい

老舗企業の経営は「コマ」で表せる

確かな軸と、力強い遠心力を持ち続けている

経営理念が求心力をもたらす

第7章では、事業承継がうまく機能している老舗企業を10社紹介しましたが、どれも「伝統を守りながらも革新を図ってきた」企業ばかりだったことにお気づきかと思います。

老舗企業には必ず「軸」があります。本書でこれまで重要性を解説してきた「**家訓・経営理念・のれん**」がその軸にあたります。そして、あくまで軸をぶらすことなく、「**事業内容・販売方法・顧客**」を時代に合わせ、大胆に変革してきたのです。

回るコマをイメージすると、わかりやすいでしょう。「家訓・経営理念・のれん」が軸となって、社内に求心力を働かせているものです。軸がなければコマが回りませんから、経営も成り立ちません。

革新性がないとコマは倒れる

一方で、コマの外周部は遠心力が働く部分です。事業を展開するエネルギーとなって、コマはクルクルと回っていきます。もし、遠心力が足りなければ、たとえ軸がしっかりとしていても、コマは倒れてしまいます。

私はこれを「**コマ経営**」と呼んでいますが、老舗の「伝統と革新」のバランスをよく表現していると思います。矛盾しているように聞こえるかもしれませんが、「**会社が変わらずに継続していくためには、変わらなければならない**」。これが真理なのです。

いつの時代も大きな環境の変化があります。特に現代はグローバル化にDX、今般のコロナ禍のような予想もしなかった出来事が次々に降りかかります。何を変え、何を変えるべきでないのか、コマ経営を念頭に考えてみてください。

永続企業の秘密「コマ経営」

家訓・経営理念・のれん
コマの軸となって社内に求心力をもたらす。

革新性
コマを回す遠心力のようにダイナミックに事業を展開するエネルギー。

家訓・経営理念・のれん

革新性

老舗の「伝統と革新」のバランスはコマの軸と遠心力の如く絶妙なバランスを保っている。

革新性がないと

コマは倒れる!

 100年企業創りコンサルタントのアドバイス

老舗企業は求心力を軸として、遠心力によって倒れないのです。

70 顧客ファーストではなく 社員ファースト

自分が幸せだから顧客も幸せにできる

🔍 社員と社員の家族を第一に

かつては「お客様は神様です」というスローガンがまかり通るほど、日本は「顧客ファースト」の企業がほとんどでした。

しかし、私は、この考えはもはや、時代にマッチしないと考えています。

いくら顧客へのサービスを徹底させようとしても、**当の社員が幸せでなければ、お客様を幸せにすることはできない**でしょう。

これからは「顧客ファースト」ではなく「社員ファースト」であるべきだと私は考えています。さらに厳密に言うならば、92ページで紹介したように、「社員の家族」も会社は大切にしなければなりません。彼らもまた社員の幸せには不可欠な存在だからです。

🔍 社員ファーストへのクレーム電話

ただ、どうしても顧客から不満の声が挙がることもあるでしょう。

例えば、社員が無理をして深夜まで残業すれば間に合うところを、定時に帰らせたならば、お客様にとっては「**サービスが低下した**」と捉えられることもあるかもしれません。

実際に、TOMAコンサルタンツグループも「社員ファースト」に切り替えたところ「客よりも社員が大事なのか」というお電話をいただいたことがあります。私はこう説明しました。

「うちはお客様も社員も両方大切なんです。だから、まずは社員とその家族を大切にすることが、お客様を幸せにする近道だと考えています」

すると、意外にも納得してもらえました。

当時は、今から思えば過渡期でしたが、これからは、社員を第一に考え、「働きがい」を創出しようとする企業がどんどん増えてくると思います。

まずは社員から幸せにする

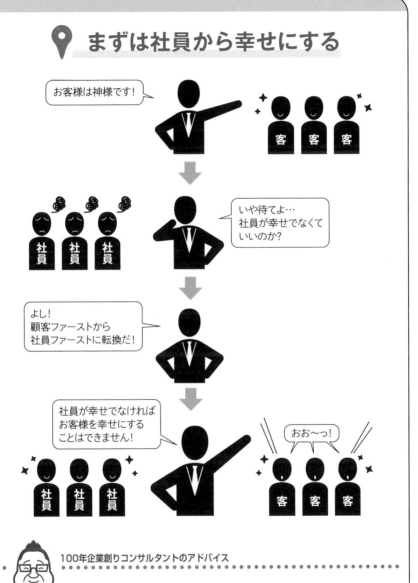

100年企業創りコンサルタントのアドバイス

「社員貢献」が「地域貢献」、ひいては「地球貢献」につながっていくと考えます。

社員の働きがいの
つくり方

自分が会社をつくっているという意識を

🔍 要望が上がってくる仕組みを

　これからの日本企業にとって大切となる「働きがい」についてもう少し掘り下げましょう。「社員ファースト」といっても、社員を甘やかし、極端に厚遇するという意味ではありません。

　働きがいとは、**社員が会社の改善について話しやすい雰囲気**と、**要望をどんどん出せるような仕組み**によって生まれるものです。

　私が行った施策をいくつか紹介したいと思います。

　まず、毎年実施しているのが、「社員アンケート」と「お客様アンケート」です。あわせて、自己申告書も年に2回、提出してもらいます。社員にとっては振り返りと会社への改善提案や要望を述べる機会となります。ちなみに社員アンケートは匿名性を担保するために、外部に委託しています。

　また、各階層別で10人程度のチームをつくってミーティングを開催。デザート付きの食事会で、**スタートの前に必ず会社に対する要望や意見を聞く時間**をとるようにしています。それ以外にも、目安箱を設置するなど、社員の不満や疑問の声を拾い上げる工夫をしてきました。

🔍 いかにやる気を起こさせるか

　加えて、社員にやる気を起こさせるために、**幹部による投票の表彰**も数多く行っています。さらに、経営計画の策定にも社員全員が携わるようにしています。まずは全社員で各部門の方針を決めて、各部の代表に「経営行動計画発表会」で発表してもらいます。**パートも含めた全社員に参加してもらう**ことで、参加意識を高めています。ここで紹介したのはごく一部ですが、「働きがい」のある会社をつくるために、**社長自身がアイデアを出し、いかに汗をかけるか**。そこに会社の未来はかかっているのです。

雰囲気と仕組みは作れる

社員ファーストのための4つの取り組み

社員アンケート

ウチの会社の
良いところは…
悪いところは…

自己申告書も
書くぞ

振り返りとともに会社への
改善提案や要望も

お客様アンケート

御社の
良かった点は…

ここはちょっと
不満に感じたかな

お客様からサービスの質
をフィードバック

チーム別ミーティング

ここが良いよね

あそこはちょっと

各階層別にチームをつ
くって食事会

目安箱の設置

目安箱

目安箱で社員の不満や疑
問の声を拾い上げる

 100年企業創りコンサルタントのアドバイス

発言・参画のチャンスを、ガス抜きでなく仕組みとして加えるのが重要です!

🔍 おわりに

　ここまで、事業承継について、私なりに重要だと考えるポイントを挙げてきました。おそらく本書を手に取った方にとっては、意外な内容も含まれていたと思います。

　実際に、事業承継についての40年近くコンサルティングを重ねていますが、みなさん「税金はどうなるのか」「株はどうすればよいのか」ということばかりを気にしがちです。

　もちろん、それも大切なポイントですから、本書でも説明しています。しかし、最も重要なのはそこではありません。

　事業承継で改めて考えることは「100年企業、永続企業になるために何をすべきか」ということです。

　そのような大きな視点で考えたとき、「揺るがない経営理念を軸にして、伝統を守りつつも、革新しなければならない」ということに気づくはずです。そのための組織づくりを考えれば、事業承継でやるべきことは、おのずと見えてくることでしょう。すべては「経営理念をつくり、どう受け継いでいくか」という一点に集約されます。

　いろいろと偉そうに書いてきましたが、私自身の失敗談から得た教訓ばかりです。私もかつては独裁者で、幹部社員がほとんど辞めました。当時うまくいかなかった原因は、すべて私にあったのです。そのことに気づいて独裁をやめたときに、後継者が育ち始めて、理想的なバトンタッチをすることができました。

　事業承継には、覚悟が必要で、寂しさも伴います。それでも、経営者にしかできないことであり、経営者人生最大の仕事です。本書が、経営者のみなさん、社員のみなさんが心血を注いだ会社のバトンタッチに貢献できるとすれば望外の喜びです。

　本書の出版にあたり、株式会社アクティビスタの河合克仁さん、当社の田島秀夫取締役には大変お世話になりました。ここに御礼申し上げます。

藤間 秋男

藤間秋男より読者限定の
購入特典のご案内

本書をご購入頂いた読者の方限定で、
以下のスペシャル特典を無料プレゼント！

本書未掲載のコンテンツが観られます！

右下のQRコードを読み取り、キャンペーンページよりご登録いただくと、
本書でお伝えし切れなかった、TOMA100年企業創りコンサルタンツ
株式会社が提供する『スペシャル特典』をプレゼント！

スペシャル特典の内容

1. 著者・藤間秋男による特別講義動画
2. 事業承継がさらによくわかる e-book
3. 100年企業創りに役立つ情報提供
   などなど

お申込みは
コチラ

https://toma100.jp/2jikan_de_zakkuri.html

【ご注意】
・上記購入特典はインターネット接続環境のないお客様への提供は行っておりません。
・上記購入特典は、TOMA100年企業創りコンサルタンツ株式会社が提供するコンテンツです。
　本書の出版元である株式会社すばる舎はその内容を関知しておりませんので、内容に関するお
　問い合わせ、サポート、保証等には対応できません。あらかじめご了承ください。
・上記購入特典に関するお問い合わせは TOMA100年企業創りコンサルタンツ株式会社のウェブ
　サイト上にあるお問い合わせフォームからお願いいたします。
・上記購入特典は、事前の予告なく公開を終了する可能性があります。株式会社すばる舎は上記ウェ
　ブサイトのアドレス変更、公開中止等があっても、書籍の返品には応じられませんので、あら
　かじめご了承ください。

◎参考資料
中小企業庁
https://www.chusho.meti.go.jp

日本政策金融公庫
https://www.jfc.go.jp/n/findings

株式会社帝国データバンク
https://www.tdb.co.jp/index.html

株式会社東京商工リサーチ
https://www.tsr-net.co.jp

『どんな危機にも打ち勝つ 100 年企業の法則』（藤間秋男著 /2011 年刊 /PHP 研究所）
『中小企業のための成功する事業承継』（藤間秋男 /2017 年刊 /PHP 研究所）
『永続企業の創り方 10 ヶ条』（藤間秋男著 /2019 年刊 / 平成出版）

その他、多数のサイトや資料を参照させていただきました。この場で、謹んで御礼申し上げます。

〈著者略歴〉

藤間 秋男 （とうま・あきお）

100年企業創りコンサルタント。TOMAコンサルタンツグループ株式会社代表取締役会長、TOMA100年企業創りコンサルタンツ株式会社代表取締役社長。1952年東京生まれ。慶應義塾大学卒業後、大手監査法人勤務を経て、1982年藤間公認会計士税理士事務所を開設。2012年より分社化して、TOMA税理士法人、TOMA社会保険労務士法人、TOMA公認会計士共同事務所、TOMA行政書士法人などを母体とする200名のコンサルティングファームを構築。100年企業創りと事業承継をライフワークとし、関連セミナーを1500回以上開催。老舗企業を集めたイベント「100年企業サミット」を主催するほか、雑誌やテレビ等で老舗企業取材も多数経験。著書に『どんな危機にも打ち勝つ100年企業の法則』『中小企業のための成功する事業承継』（ともにPHP研究所）、『永続企業の創り方10ヶ条』（平成出版）、『社長引退勧告』（幻冬舎）、『100年残したい日本の会社』（扶桑社）などがある。元日本青年会議所議長・委員長、元東京青年会議所専務理事、東京都倫理法人会副会長、銀座ロータリークラブ会員、ニュービジネス協議会会員、東京中小企業同友会会員、元盛和塾会員、日創研経営研究会会員。

2時間でざっくりつかむ!

中小企業の「事業承継」はじめに読む本

| 2021年 4月 26日 | 第1刷発行 |
| 2022年 9月 17日 | 第2刷発行 |

著　　者——藤間 秋男

発 行 者——徳留 慶太郎

発 行 所——株式会社すばる舎

　　　　　　〒170-0013　東京都豊島区東池袋3-9-7　東池袋織本ビル

　　　　　　TEL 03-3981-8651（代表）　03-3981-0767（営業部直通）

　　　　　　FAX 03-3985-4947

　　　　　　URL http://www.subarusya.jp/

企画協力——河合 克仁（株式会社アクティビスタ）

　　　　　　田島 秀夫（TOMA100年企業創りコンサルタンツ株式会社）

編集協力——真山 知幸

装　　丁——菊池 祐（ライラック）

図版制作——株式会社ウエイド

図版協力——井上 岳則（オフィス上海亭）/table411

印　　刷——株式会社光邦